中华文明突出特性阐释丛书

张志强 主编

容融之道
中华文明突出的包容性

孙海科 著

浙江古籍出版社

"中华文明突出特性阐释丛书"编委会

主　编：张志强

编委成员（按姓氏笔画排序）：

　　　　王旭斌　龙涌霖　任蜜林　刘　丰

　　　　孙海科　胡海忠　程为民　傅　正

本册著者：孙海科

总 序

2023年6月2日,习近平总书记考察中国社会科学院中国历史研究院,并在文化传承发展座谈会上发表重要讲话。这是一篇具有里程碑意义的讲话,充满理论力量和学术含量。习近平总书记在讲话中发出了在新的历史起点上建设文化强国、建设中华民族现代文明的号召,为推进中国特色社会主义文化建设提供了科学指引和行动指南。

在讲话中,习近平总书记对"第二个结合"进行了系统论述,标志着习近平总书记关于文化建设的理论思考已经成熟,在一定意义上也标志着习近平文化思想的形成。在讲话中,习近平总书记提出了中华文明"五个突出特性",深刻把握中华文明的突出特性,是实现"第二个结合"的前提。习近平总书记指出,"只有立足波澜壮阔的中华五千多年文明史,才能真正理解中国道路的历史必然、文化内涵与独特优势",因此,中华文明"五个突出特性"的提出,也标志着习近平总书记关于中华文明发展规律的认识已经成熟,标志着在中华文明发展规律基础上开辟和发展中国特色社会主义道路的规律性认识已经成熟。

中华文明突出特性构成了中华文明发展规律的内涵。把握中华文明发展规律，深刻理解中国道路的历史必然、文化内涵与独特优势，是建设中华民族现代文明的必要前提。中华民族现代文明是继承和发展中华文明突出特性的产物，也是中国共产党领导中国人民对中华文明突出特性进行创造性转化和创新性发展的现代形态。

中华文明"五个突出特性"的提出，回答了关于中华文明发展的规律性问题，驳斥了关于中华文明的种种错误认识，重建了中华文明历史的整体叙事，揭示了中国所以为中国的内在道理。

中华文明突出的连续性，包含着一种深刻的历史观。这种历史观是从过去现在未来的连续整体出发，把历史理解为文明实践的总体性。从历史实践的内在视野出发，将文明理解为一个文化生命体的有机生长进程。5000多年中华文明史尽管经历过曲折困顿，但中华文明始终能够承敝通变，穷变通久，以通古今的方式究天人，以深刻的历史主动性精神不断将中华文明历史贯通下去。在中华文明的通史精神中蕴含着中华文明连续性的奥秘。中华文明的连续性表明，所有对中国历史的断裂性解释都是不符合中国实际的认识。

中华文明突出的创新性，包含着一种深刻的革命观。这种革命观是对天道自我更化能力的说明，是积极面对变革、主动谋求变革的历史主动精神的体现。这种革命观是连续性的动力和根据，也是使得变化能够成就发展的内在要求。中华文明的连续性和创新性互为表里，成为中华文明发展的内在规律。中华文明的创新性表明，所有关于中国没有历史的停滞性解释都是不符合中国实际的认识。

中华文明突出的统一性，包含着一种深刻的世界观。这种世界观是从天下一家的视野出发，从团结凝聚的大一统传统出发，将不同地域不同族群的天下人，在面对共同危机中凝聚为一个多元一体的命运共同体，贯穿其中的是天下为公的共同价值。中华民族共同体的形成历史就是人类命运共同体的典范。中华文明的统一性表明，所有把大一统解释为僵化"专制"的历史认识，都是不符合中国实际的认识。

中华文明突出的包容性，包含着一种深刻的价值观。这种价值观来自一种关于天地之德的认识，也出自一种从实际出发的哲学认识论。根据这种认识论，差异是不可回避的实际，贯通差异、调适差异，而非取消差异或是将差异绝对化，才是对待差异的正确态度。这种态度表明了一种克服自我中心的价值观，一种来自天地无私之德的价值观。中华文明的包容性表明，多元一体的中华民族是中华民族共同体实践中形成的包容性价值观的结果。

中华文明突出的和平性，包含着一种深刻的伦理观。天下一家、四海之内皆兄弟的理想，表明中华文明是以道德秩序来构造世界的，个人与家国天下之间在道德感通中不断推扩延伸，最终形成一种群己合一的共生秩序。这种天下一家的伦理观，决定了中华文明的和平性，决定了中华文明从来都是以共生和谐的态度来对待矛盾、对待分歧，从来不强人从己，而是在差异中求大同，认为对立面可以在交流沟通中达成和谐。中华文明的和平性表明，用所谓帝国、征服等认识模式来看待中国历史是不符合中国实际的。中华文明的和平性是中华文明包容性的伦理表现，也正是由于和平性，包容性才能真正落实为一种共同体建设，落实为一种共生的秩序。

对中华文明突出特性的研究，是习近平文化思想研究阐释的重要内容。做好习近平文化思想的学理性和系统性阐释，发挥好中国社会科学院的学术优势和理论优势，是中国社会科学院的职责使命之一。因此，做好习近平文化思想的哲学研究和阐释，也是中国社会科学院哲学研究所的职责使命。中国社会科学院哲学研究所中国哲学学科组织团队，先后申报并获评了国家社科基金重大项目、中国社会科学院"建设中华民族现代文明研究阐释工程"的重大项目"中华文明'五个突出特性'

的哲学研究"。中国哲学学科将本项目的研究作为一项重大的政治任务和严肃的学术课题，紧张地投入研究。值此习近平总书记在文化传承发展座谈会上的重要讲话发表一周年之际，我们与浙江古籍出版社合作，共同推出这套"中华文明突出特性阐释丛书"（共五册），作为习近平总书记讲话一周年的献礼。在此，我们要向中国社会科学院科研局给予课题组的研究保障，表示衷心的感谢！向浙江古籍出版社给予的支持帮助，向王旭斌社长领导下编辑团队的辛苦付出，表示衷心的感谢！同时也要感谢研究团队，在研究写作过程中，团队成员多次集中研讨和统稿，积极探索有组织科研新机制，在共同研讨中团结了队伍，凝聚了感情，积累了研究经验，希望团队形成的协同研究模式，可以成为中国哲学学科以及哲学研究所的研究传统，不断得到发扬。

在短时间内完成的五部著作，是充分发挥作者各自学术积累，积极调动既有学术资源的产物。由于写作和修改时间有限，肯定存在很多不当之处。作为项目研究的阶段性成果，我们会在此基础上，不断深化研究，提高认识，争取在不远的将来贡献出更好的作品。

张志强

中国社会科学院哲学研究所

2024 年 5 月 19 日

目 录

绪 论 ……………………………………………………………… 01

第一章 考镜源流:"包容性"的概念分析 …………………… 04
第一节 言与意:写在概念分析之前 ………………………… 05
第二节 "包容性"的概念分析 ……………………………… 15
第三节 容融之道:"包容性"的内涵要义 ………………… 21

第二章 循事见理:"包容性"的哲学阐释 …………………… 27
第一节 多元与一体 …………………………………………… 28
第二节 差异与共识 …………………………………………… 36
第三节 自我与他者 …………………………………………… 44

第三章 内蕴外彰:中华文明历史进程中"包容性"的体现 … 54
第一节 内源文化的融通与共生 ……………………………… 55
第二节 地域民族的融汇与共体 ……………………………… 66

第三节　宗教信仰的融摄与共存 ………………………… 83
第四节　域外文化的互鉴与共惠 ………………………… 93

第四章　时代新象：中华人民共和国成立以来内政外交中"包容性"的体现 ………………………………………… 109

第一节　中华人民共和国成立至党的十八大期间内政外交中"包容性"的体现 ……………………………………… 110

第二节　新时代以来内政外交中"包容性"的体现 ………… 123

主要参考文献 …………………………………………………… 137
后　记 …………………………………………………………… 142

绪　论

包容性是中华文明的突出特性之一。中华文明自古以开放包容闻名于世，具有兼收并蓄、包罗万象的宽广胸襟，既有"包"的胸怀，又有"容"的智慧。中华文明无与伦比的包容性为中华文明的绵延、发展与创新提供了强大而持续的动力，使之可久可大、根深叶茂。

深入研究阐释中华文明突出的包容性，需要澄清其内涵，把握其要义，挖掘其深义。虽"言不尽意"，但"尽意"又"莫若言"，虽然语言无法完全表达"意"的深度和复杂性，但没有什么比语言更能接近这一目标。因此，我们需要在言与意的张力中去努力接近言语的真意。

深入研究阐释中华文明突出的包容性，需要在形之于文、载之于册的中华文化思想宝藏中求索，在先贤的深邃哲思中体会包容性的思想智慧与文化根基。从惠施的"泛爱万物，天地一体",到《吕氏春秋》的"一体而两分,同气而异息";从《管子》的"一国同一意,万人同一心",到荀子的"群居和一""以一持万";从史伯的"和实生物,同则不继",到孔子的"和而不同";从墨家的"同异交得",到庄子的"万物齐一";从道家的"无身""丧我"、儒家的"毋我",到佛家的"无我";从庄子的"非彼无我",到华严的"事事无碍":可谓诸家无不论包容。

深入研究阐释中华文明突出的包容性,需要沿着中华文明起源、形成和发展的历史脉络寻根探源,瞻观其如何自在地呈现。在中华文明历史发展进程中,包容性不仅是其突出的特性,更是内蕴于历史全过程的核心价值。这种包容性精神贯穿于中华文明的方方面面,于细微处皆可见其精神。包容性既体现于多元一体的中华文化共同体的凝聚之中,也体现于天下一家的中华民族共同体的融汇之中;既体现于通和共存的宗教信仰联合体的共生之中,也体现于互惠共享的人类命运共同体的共筑之中。

深入研究阐释中华文明突出的包容性,需要明晰和把握包容性在当代的延续与体现。中华人民共和国成立以来,我国提出的民族区域自治、宗教信仰自由、和平共处五项原则、改革开放政策,以及新时代以来构建人类命运共同体理念的提出与实践等内政外交举措深刻地体现了突出的包容性在中华文脉中的绵延。

中华文明突出的包容性，成就了中华民族的生生不息、根深叶茂，成就了中华文化的海纳百川、含弘光大。包容性赋予中华文明强大的生命力和创造力，使其在漫长的历史进程中始终保持蓬勃的生机与活力。包容性不仅是文明自信的气度、有容乃大的胸襟，也是一种面向未来的昂扬姿态。面向未来，我们需要传承赓续和进一步激发中华文明的包容特性，以更加开放的姿态迎接世界的多样性与复杂性，更加积极主动地学习借鉴全人类创造的一切优秀文明成果，融通中外，贯通古今，为推动中华文明的持续创新与发展注入新的动力，促进文明新形态的形成，不断铸就中华文化新辉煌，建设中华民族现代文明，同时为世界文明的繁荣与进步贡献独特的智慧与力量。

第一章
考镜源流:"包容性"的概念分析

2023年6月2日,习近平总书记在文化传承发展座谈会上发表重要讲话指出:"中华文明具有突出的包容性。中华文明从来不用单一文化代替多元文化,而是由多元文化汇聚成共同文化,化解冲突,凝聚共识。中华文化认同超越地域乡土、血缘世系、宗教信仰等,把内部差异极大的广土巨族整合成多元一体的中华民族。越包容,就越是得到认同和维护,就越会绵延不断。中华文明的包容性,从根本上决定了中华民族交往交流交融的历史取向,决定了中国各宗教信仰多元并存的和谐格局,决定了中华文化对世界文明兼收并蓄的开放胸怀。"[1] 开放包容是中华文明繁荣发展的活力来源,也是文化自信的显著标志。开放包容的姿态、兼收并蓄的胸怀、海纳百川的气度成就了中华文明的博大气象和历久弥新

---

[1] 习近平:《在文化传承发展座谈会上的讲话》,《求是》2023年第17期,第6页。

的蓬勃生机。深入研究阐释中华文明突出的包容性，深刻理解其深厚意蕴和学理哲理，对于我们树立历史自信、文化自信，巩固文化主体性，在新时代推进"两个结合"，尤其是"第二个结合"，建设中华民族现代文明具有重要的学术价值和现实意义。

第一节 言与意：写在概念分析之前

当我们在言说某一语词（例如此处的"包容"）的时候，我们到底在说什么？这是在展开讨论之前需要思考的前置问题，也是一个必须直面的问题，若不澄清语词、概念乃至其所指向的经验——在此作者专门将其命名为"澄名"[1]——将使基于语词、概念进行的探讨缺乏坚实的根基。而若欲实现"澄名"的目的，则不可避免地论及"澄名"的可能性问题。例如"只可意会不可言传""言不尽意""不可说""不可名"等等情形的出现，正是名言与意义或经验之间存在的张力造

---

[1] 中国古代有"正名"之说，其目的是辨正名实。本文在此是为了澄清"名"之意义，因此称之为"澄名"。

成的困境。"澄名"的可能性实质上是语言功用问题：或者称之为"言—意"关系，或者称之为"名—理"关系。

语言是传递思想的工具，语义则是通过语言这一媒介载体对思想的映射和外化，构成语言主体真正企图表达和传递的内容。语言如同思想的密码，人们通过解码获得语义，以此来理解和领悟语言企图表达的意义和思想。但这种"语言—思想"之间并非同质，且形式变换的传递往往甚至说必然存在着传输失真，而且是双向二重失真：由思想外化呈现为语言形式，是为第一重外化失真；由语言内化理解其试图表达的思想，是为第二重内化失真。这种失真现象早已为先贤所瞩目，引起了持续不断的思考和讨论。但真正值得思考的问题并不会因为被思考过而失色，反而是常思常新，故不断尝试对其加以重新思考是必要的，也是其价值之所在。

回溯"言意之辨"的源头，在先秦典籍中已可见其端倪。《周易·系辞上》言："子曰：书不尽言，言不尽意。然则圣人之意，其不可见乎？子曰：圣人立象以尽意，设卦以尽情伪。系辞焉，以尽其言。"这应该是目前能见到的最早关于言意之辨的正式论述。该论说构建了"书—言—象—意"多重阐释关系，后来成为魏晋时期言意之辨的思想根源。"意"虽崇高玄远，却不能自彰，必须凭借其他诠释工具来表达、传递。《周易》基于两仪、四象、八卦建立起模拟象征系统，对天地、四时、日月、吉凶等进行模象，也是对圣人之意的映射呈现。表面上来看，在《周易》的"言—象—意"体系中"象"被赋予了更高层次的地位，因其堪当尽"意"之功。然而，"象"无法孤悬，毕竟作为数量有限的聚敛型诠释符号，并不能直接呈现经验世界可掌握的无限的信息，必须借助于"言"来传递"象"所表征的"意"。所以说，并非因"言不尽意"便可贬低和忽视"言"的重要性，实际上"言"才是可掌握的更具传递性的解"意"工具，才是最终落脚处。以此角度来看，"象"反而成为沟通"言"和"意"的诠释媒介。由此，也可以看到言、象、意之间的微妙关系。

《老子》开篇即云："道，可道也，非恒道也。名，可名也，非恒名也。"[1] 可以用语言表达出来的道，就不是恒常的道；可以被命名和定义的名，就不是恒常的名。此后又屡言"道常无名""道隐无名""知者不言，言者不知""行不言之教"。可以看到，《老子》是基于"言—道"二重结构展开论述的。"道"是老子思想之根底和核心，也是最难把握者，因其具有超越名言的特性。然而，恒（常）[2] 道虽然不可说、不可名，《老子》通篇文字的目的却都是为了说道，依然不

---

[1] 高明：《帛书老子校注》，北京：中华书局，1996年，第221页。后文《老子》引文皆引自此书，不再一一罗列出处。
[2] 帛书本《老子》原作"恒"字，王弼注本及后世传本皆作"常"，推测因避汉文帝刘恒讳改"恒"为"常"。

得不借助于名言勉强而模糊地对至极之道加以描绘，此中也体现了名言与道之间暧昧两难的关系：非即非离。名言所说之道并不等同于大道，因此说二者非即；道的彰显又须借助于名言，因此说二者非离。无疑，名言有不可避免的局限性，无法完整地展现出道的真实相；但面向经验世界，传递道的唯一可能的媒介途径只能是名言。面对这种矛盾与悖论关系，只能让步于经验世界，承认名言独特的媒介工具性质，在秉持大道不可言说的前提下"强为之名"，强为之说。在此过程中，老子深知执定语言概念，均会使道之内涵失于一偏，而无法朗现道之全体，故他不时以"正言若反""以遮为诠"之诡辞的表达方式来反省语言文字的局限性。要言之，老子是由对语言的否定与超越，以彰显常道之性格。[1]

庄子承袭老子的"言不尽道"思想，又进一步发展到一个新高度。庄子在《齐物论》中言"大道不称，大辩不言""道昭而不道，言辩而不及""不言之辩，不道之道"，称呼、言辩的功能范围都是特定的有限的，皆有其所不及的地方，都不能完整无余地涵括所有。因此，以名言展现的道不是至真之道。《庄子·知北游》云"道不可致""道不可闻""所以论道，而非道也""道不当名"，庄子对道的不可言说性

---

[1] 沈维华：《魏晋言意思想研究》，林庆彰主编：《中国学术思想研究辑刊》六编第16册，台北：花木兰文化出版社，2009年，第9—10页。

进一步强化凸显。《庄子·外物》又提出："筌者所以在鱼，得鱼而忘筌；蹄者所以在兔，得兔而忘蹄；言者所以在意，得意而忘言。"这里借譬喻明玄理，得鱼兔本凭借筌蹄，然而筌蹄异于鱼兔，玄理假借名言进行宣说，但言说并不等同于玄理。鱼兔得而筌蹄忘，玄理明而名言绝。局限于经验世界的名言虽然无法直接呈现道，但若透过名言获得道之意的话，则有助于趋向对形而上的至道的体悟。以其所知来养其所不知，以能言说的道来导引扶助，进阶于不可道之道的境界。在此，《庄子》在《老子》"言—道"二重关系之间，又增加了"意"这一重解悟阶次，构建起了"言—意—道"三重递进阐释关系。在《庄子·天道》中，庄子又进一步指出："世之所贵道者，书也。书不过语，语有贵也。语之所贵者，意也。意有所随。意之所随者，不可以言传也。"文字的目的在于承载言语，言语则又是为了表现意，意则是从道而来。层层追溯，以道为本为终极，书、言、意的目的都指向道，但困境在于道恰恰不可以言传。庄子在此建立的"书—言—意—道"四重结构，由低到高，由粗到精，层层递升，与前述《周易·系辞》的"书—言—象—意"四重结构非常类似，不过庄子所论的至极为道，意也只能从属于道，已经具有了超越言意的色彩。

老庄所构建的"书—言—意—道"四重诠释关系，以道为至极，以意为精，以言、书为粗。依此结构，欲契真道就必须去粗存精，得意而忘言，得道而忘意。在言说与道体之间存在相互悖反的情形，即"无名无实，在物之虚。可言可意，言而愈疏"（《庄子·则阳》）。面对真理寂然、幽邃玄远的道极，语言文字的功能是渺小、局限、狭隘的，能够"知道"的正途是自内而明——所谓"莫若以明"，这与荀子"大清明"的体道方式实有相通之处。可以说，先秦道家将"言以尽意"的认识论问题回溯为"言以尽道"的本体论问题。[1]

《周易》与《老子》《庄子》虽然出现了论及"言—意""言—道"关系的内容，甚至《庄子》已明确提出"得意而忘言"的超拔之论，但都没有作为专门的话题引起时人的广泛关注和讨论，未成为共同关切的论题。逮及魏晋，以《周易》《老子》《庄子》为宗典的玄学风靡一时，言意关系为时人所瞩目，引发讨论热潮，形成了中国文化思想史的大事件——言意之辨。

曹魏的荀粲与其兄荀俣之间的一段著名问答，揭开了魏晋言意之辨的序幕：

> 粲诸兄并以儒术论议，而粲独好言道，常以为子贡

---

[1] 卫朝晖：《言与意——言意之辨及其逻辑范式》，《光明日报》2019年2月23日，第11版。

称夫子之言性与天道,不可得闻,然则六籍虽存,固圣人之糠秕。粲兄俣难曰:"《易》亦云圣人立象以尽意,系辞焉以尽言,则微言胡为不可得而闻见哉?"粲答曰:"盖理之微者,非物象之所举也。今称立象以尽意,此非通于意外者也。系辞焉以尽言,此非言乎系表者也;斯则象外之意,系表之言,固蕴而不出矣。"及当时能言者不能屈也。[1]

荀俣基本沿袭了《周易·系辞》的"立象尽意""系辞尽言",因此认为圣人之道可于六经典籍文字中得而闻见。可以肯定的是,荀俣主张的是"能尽"论。荀粲则认为精微之理是无法通过语言文字完全彻底地展现的。荀粲构建了一种二层言意结构:"象尽之意—象外之意""系辞之言—系表之言",这种不能尽的"意外""言外",则指向超言绝象的"理"和"道"。因此说荀粲是一种彻底的"不尽"论,象不尽意,言不尽意,趋向于超越言意的境界。如牟宗三所言:"'立象以尽意',此是象所尽之意,有象所尽者,即有其所不尽者。象所不能尽者,即'象外之意'。系辞以尽言,此是辞所尽之言。固亦有无穷之言而未尽矣。此即'系表之言'。

---

[1] (三国)陈寿撰,裴松之注,陈乃乾校点:《三国志》,北京:中华书局,1982年,第319—320页。

所以有'系表之言'即因有'象外之意'故也。有象外之意，象有限度。有系表之言，辞有限度。总之，是言象并不能尽意也。自其尽者而言之，为'言意境'；自其所不尽者而言之，则为'超言意境'。"[1]

王弼则援《老子》以诠《周易》，在"以无为本"的思想基础上重新诠释言意关系，使得言意之辨大放异彩，成为中国哲学史上的一个亮点。王弼承袭了《老子》的"天下万物生于有，有生于无"的思想并加以发挥，将"无"视为万物存在的本体，以"无"来表达"道"的本体意涵，后世多以"贵无"作为王弼玄学思想的特色。王弼指出，"本无"不能离开"末有"而孤立存在，"无"的恒常之道无法自彰，必须借助于"有"（万物）来展现。在王弼看来，"无"与"有"也不是简单的母生子的关系，二者在时间上无先后，在空间上也相即不离，"无"寓于"有"之中，"有"恃"无"之用而得以成。"无"为本、为体，而"有"为末、为用。对应于"言"和"意"，则"意"为本、为体，"言"为末、为用，"言"依于"意"而生，又以"意"为归宿和最终指向。王弼在《周易略例·明象》中，聚焦于言、意、象之间的关系，提出了著名的"得象忘言""得意忘象""得意忘言"的诠释方法论。"言"是"象"的表达形式，"象"是"言"的内容，又是传

---

[1] 牟宗三：《才性与玄理》，台北：台湾学生书局，1993年，第246—247页。

递"意"的象征。"言"与"象"都是"得意"的工具,并不是目的。如果执着、拘泥于语言或符象,将无法得到真正的意。由言、象而不滞于言、象,才可体悟道意。王弼言意之辨的杰出成就还在于指出言意关系是双向性的,扩散型即由意经象达言,则意象相合,言以尽象,循言以观意;聚敛型则言意相悖,得意必须忘象,忘言方能得象,层层遣除方可得真意。

佛学自西汉末年传入中国之后,两千年来与中国本土文化互融共生,已经成为中国文化的重要组成部分。佛学对于言与意的关系有深刻的洞见,尤其表现于以般若思想为基础的大乘佛学。般若学说对语言文字的空性多有论述,在泯绝语言文字直显空性方面,可谓独树一帜。如同道家和儒家强调"圣人体道"而不是闻道、说道一样,般若学说认为以般若智慧观照空理,是把握世界和人生终极真实的根本途径和方法,而这种观照则是超越语言、排斥语言的。如《大般若波罗蜜多经》云:"甚深般若波罗蜜多,文字言说皆远离故。由此于中说者、听者及能解者皆不可得。"又云:"我于诸法都无所见,是故我今默无所说……甚深般若波罗蜜多,不可宣说,不可显示,不可戏论。"也就是说,般若智慧是远离文字言说,能直觉观照,在观照时对一切事物都无所见,也不可说,不可解,不可显示。一切名言都是由于人的分别而产生，般若智慧则是无分别的。般若学说在秉持终极真理（实相）不可说的前提下，顺应教化的需要假名施设种种言说，巧妙构建了真、俗二谛论，从而为言说安立了位置。如《大般若波罗蜜多经》又云："安住二谛为诸有情宣说正法。何谓二谛？一、世俗谛；二、胜义谛……虽二谛中有情施设俱不可得……方便善巧为诸有情宣说正法"，"云何般若解知诸法，谓诸法异，名言亦异。然一切法不离名言，若解诸法，若知诸法，俱不可说，然顺有情所知而说，故名般若"。强调若要指称万物、表述万物的差异，离不开名言，正是顺应众生了解万物的需要而说，这也是般若。后来这种般若也被称为"文字般若"，是为了显示般若真理的文字言说。因为其方便众生认识现象世界，又称为"方便般若"。佛学对待语言的态度与老庄颇有类似之处，佛学宣称"言语道断"，究竟之真理，言语之道断而不可言说。通过语言而超越语言，运用语言而排拒语言，正是佛学语言观的突出特征。

总而言之，语言是交流、传递的工具，文字是记录、表征语言的符号系统，二者都具有明确的工具属性，其最终指向的都是"意"。虽"言不尽意"，但"尽意"又"莫若言"，虽然语言无法完全表达"意"的深度和复杂性，但没有什么比语言更能接近这一目标。因此，虽然语言有其局限，我们仍然无法舍弃语言。然而要想真正"得意"，我们又需

"忘言",在"寻言""思言"且有所得之后,能够超越于言,不执不滞于言语名相。语言有尽而"意"不尽,因此王弼又言"触类可为其象,合义可为其征"(《周易略例·明象》),凡是触及与事物义类相近者,都可以作为象,一并表达其意,且可以互相征验。这种方式不仅限于直接的文字描述,也包括比喻、隐喻或其他形式的象征表达,它们都有助于传达和验证深层次的"意"。本文虽以语言分析开篇,目的却在言之"意",得意而忘言,触类而旁通,是为本篇行文之旨。

第二节 "包容性"的概念分析

"包"者,从巳,勹声。篆文作"㊣"。《说文·包部》释曰:"包,象人裹妊,巳在中,象子未成形也。元气起于子,子,人所生也。男左行三十,女右行二十,俱立于巳,为夫妇。裹妊于巳,巳为子,十月而生,男起巳至寅,女起巳至申,故男年始寅,女年始申也。凡包之属皆从包。""包"即"胞"的本字,其本义为胎胞,即胎衣。《玉篇·包部》载:"包,今作胞。"林义光《文源》:"包,当即胞之古文,胎衣也。"

中国文字与语言经过数千年发展，单独一个字词已经发展出丰富而多样的含义，甚至同一语境中同一个字词在不同的解读者那里也会产生不同的理解，因此仅了解本义已经不足以把握"言"之"意"，我们还需要对该字词的各个含义有一个全面的了解。

除本义外，"包"又引申产生了诸多含义。（1）裹。《诗经·召南·野有死麕》："野有死麕，白茅包之。"毛传："包，裹也。"《尚书·禹贡》："厥包橘柚锡贡。"蔡沈《书集传》："包，裹也。"《玉篇·包部》："包，裹也。妇人怀妊，元气起于人，子所生也。"又有裹束义。如《左传·僖公四年》："尔贡包茅不入。"杜预注曰："包，裹束也。"又有相包裹义。《尚书·禹贡》："草木渐包。"陆德明《经典释文》引马融云："包，相包裹也。"（2）在中。《周易·泰》："包荒。"李鼎祚《周易集解》引虞翻曰："在中称包。"（3）包容、包含。《孔丛子·儒服》："平原君曰：'儒之为名何取尔？'子高曰：'取包众美，兼六义，动静不失中道。'"《周易·蒙》："包蒙。"孔颖达疏："包谓包含。"焦循《周易章句》："包，容也。"《汉书·礼乐志》："包四邻。"颜师古注："包，含也。"

（4）取，裹取。《周易·系辞下》："包牺氏之王天下也。"《经典释文》引郑玄注："包，取也。"李斯《谏逐客书》："包九夷，制鄢郢。"《汉书·叙传下》："猗与元勋，包汉举信。"

颜师古注引刘德曰:"包,取也。"《汉书·匈奴传上》:"善为诱兵以包敌。"颜师古注:"包裹取之。"(5)括,总括。《文选·左思〈蜀都赋〉》:"包玉垒而为宇。"吕延济注:"包,括。"《穀梁传·桓公五年》:"陈侯以甲戌之日出,己丑之日得,不知死之日,故举二日以包也。"(6)藏、隐藏、掩盖。《汉书·外戚传上·孝武李夫人》:"既激感而心逐兮,包红颜而弗明。"颜师古注引晋灼曰:"包,藏也。"又谓包藏阴谋。《逸周书·周祝》:"维彼幽心是生包,维彼大心是生雄,维彼忌心是生胜。"孔晁注:"包,谓包藏阴谋。"(7)围、绕。《新唐书·郭子仪传》:"子仪悉军追,横贯其营。贼张两翼包之,官军却。"(8)丛生,此义通"苞"。《尚书·禹贡》:"厥土赤埴坟,草木渐包。"孔安国传:"包,丛生。"《后汉书·马融传》:"其植物则玄林包竹。"李贤注:"包,丛生也。"(9)保证、担保、承担。此含义在元明以后口语中多使用。"包"还有做名词和量词使用的多种词义,与此处讨论涉及语境关系较远,不再一一罗列。此外,《龙龛手鉴》中还出现了"包"的异体字,写作"勽",将正体的"巳在中"改为"仁在中",会"仁"之意,意味着仁在中而可包,从而形成了一种独特的意涵。

"容"者,从宀,公声。篆文作"䆚"。《说文解字》释曰:"容,盛也。"本义为盛纳。《增韵》:"容,受也,包函也。""容"与"包"可互训。

"容"的含义主要可以概括为以下几种：(1)盛纳、容纳、容受。《荀子·解蔽》："心容。"杨倞注云："容，受也。"《荀子·大略》："则容天下而治。"王先谦《集解》言："容，受也。"《周易·临·象传》："容保民无疆。"孔颖达疏："容，谓容受也。"《尚书·秦誓》："其心休休焉，其如有容。"蔡沈《书集传》："容，有所受也。"(2)容量，由盛纳引申出来的含义。《汉书·律历志上》："量者，龠、合、升、斗、斛也，所以量多少也。本起于黄钟之龠，用度数审其容。"颜师古注："其容，谓其中所容受之多少也。"(3)宽，宽容。《周易·师·象传》："君子以容民畜众。"李鼎祚《集解》引虞翻曰："容，宽也。"《尚书·梓材》："合由以容。"孙星衍《今古文注疏》引《广雅》云："容者，宽也。"(4)包，包容。《尚书·君陈》："必有忍，其乃有济；有容，德乃大。"孔安国传："为人君长必有所含忍，其乃有所成；有所包容，德乃为大。"《周易·恒·象传》："无所容也。"焦循《章句》言："容，包也。"(5)隐。《尚书·微子》："用以容。"孙星衍《今古文注疏》言："容，隐也。"(6)允许、适宜、可以。《左传·昭公元年》："先王之乐，所以节百事也，故有五节，迟速本末以相及，中声以降。五降之后，不容弹矣。"《文选·班固〈答宾戏〉》："因势合变，遇时之容。"李善注引项岱曰："容，宜也。"(7)表或然、或许、大概、也许。《后汉书·李固传》:"自数年以来,灾怪屡见,比无雨润,而沈阴郁泱。宫省之内,容有阴谋。"(8)需要、待。《韩非子·难一》:"闻开方事君十五年,齐、卫之间不容数日行,弃其母久宦不归。其母不爱,安能爱君?"(9)表反问,难道。《三国志·魏书·辛毗传》:"帝曰:'如卿意,更当以虏遗子孙邪?'毗对曰:'昔周文王以纣遗武王,唯知时也。苟时未可,容得已乎!'"(10)用,使用。《韩非子·解老》:"兵无所容其刃。"王先慎《集解》引《释名》曰:"容,用也,合事宜之用也。"《诸子平议·扬子法言一》:"足言足容。"俞樾按:"容,犹用也。"

由上亦可见,"包"与"容"二字本可互训,"包容"一词则是由"包"和"容"同义复合而构成的复词。"包容"一词较早见于《老子河上公章句》。《老子》云:"知常容,容乃公,公乃王,王乃天,天乃道,道乃久,没身不殆。"河上公将"知常容"诠释为:"能知道之所常行,去情忘欲,无所不包容也。"此处即将"容"解释为"包容"。王弼注云:"无所不包通也。无所不包通,则乃至于荡然公平也。"苏辙云:"无所不容,则彼我之情尽,尚谁私乎。"[1] 此处之容或包容,不仅具有广大、周遍、容纳义,还进一步蕴生出公平、无私的含义。在解释《老子》中"强为之名曰大"一句时,《河上公章句》云"不知其名强曰大者,高而无上,罗而无外,无

---

1 转引自高明:《帛书老子校注》,北京:中华书局,1996年,第304页。

不包容，故曰大也"。道者，其高无上，其覆盖范围无边无际，包容万物，由此也可以说"包容"正是"道"之德性的体现。《庄子》更是直接点明"包容"为大道之功用："天能覆之而不能载之，地能载之而不能覆之，大道能包之而不能辩之。"成玄英疏："夫天覆地载，各有所能，大道包容，未尝辩说。"道教早期经典《太平经》也颇重视"包容"思想，"天地之间，其气集多所而畜容，故名为中和。比若人和，无不而包容也"，"今天道当具，无不有，无不包容也"。此处也专门强调包容为天地、天道之德。《尚书·君陈》载："必有忍其乃有济，有容德乃大。"孔安国传："为人君长，必有所含忍，其乃有所成，有所包容，德乃为大，欲其忍耻藏垢。"此即"有容乃大"之出处。此处"容"字，孔安国释为"包容"，取容受、宽容的含义，并将其视为君长之德的标准。《汉书·五行志下》云："上不宽大包容臣下，则不能居圣位。"此处包容亦作宽容、宽恕解，并进一步将包容视为王能居圣位的必要德性条件。可见，包容不仅是大道之德、天地之德的彰显，也是圣王之德的准则。

第三节 容融之道:"包容性"的内涵要义

就文明和文化语境而言,"包容性"的根本原则在于对多元性和差异性的容许、尊重、接纳、整合与共生共成。中国悠久历史文化的多样与多元的客观存在,使得中华文化在多元互动中碰撞、融合、互鉴,呈现出海纳百川、兼收并蓄的特色,这种交流互动中的融合与新生也成为中华文明起源、形成与发展的动力源泉。为了更好地理解和把握中华文明在起源与演进过程中表现出来的突出的"包容性"的内涵要义,笔者将其概括为"容融之道"。

"容"者,为"包容性"之基础阶段。就"包"和"容"的字义而言,更多的是描述一种容纳、包括、含蕴的状态。此时,毋宁说是一种物理性汇聚,就文明而言,即表现为各种文明元素纷呈、拢括、交汇的状态。"容"所描述的是一种文明层面的宽广胸怀,它涉及对不同文化、信仰、思想和生活方式的接纳和尊重。这种文明状态,表现为一种开放的姿态,展现了对多样性的理解和尊重,对不同文化的欣赏和包含,欢迎各种文化元素在其空间内展现和共存,从而形成一个更为丰富和多元的文化生态系统。《尚书·尧典》曰:

"二十有八载，帝乃殂落。百姓如丧考妣，三载，四海遏密八音。"所谓"四海"，《周礼·职方氏》注引《尔雅》谓即九夷、八蛮、六戎、五狄。《汉书·地理志》注引臣瓒曰："自交趾至会稽七八千里，百越杂处，各有种姓。"九夷八蛮六戎五狄百越与华夏并曜，可见中华文明之源的多样性。《尚书·尧典》云："九族既睦，平章百姓；百姓昭明，协和万邦。"万邦并存又可得以"协和"。《礼记·中庸》云："万物并育而不相害，道并行而不相悖。小德川流，大德敦化。此天地之所以为大也。"虽万物而可并育，虽百道而可并行。春秋战国时期，"百家之学"争鸣于世，一时隆盛至极。这些正是"容"之内涵特质的鲜明表现。

"融"者，为"包容性"之升华阶段。聚拢交汇的多样文明元素并非孤立独存的状态，而是相合相入，你中有我，我中有你，互动融通。此阶段，毋宁说是一种化学性融合，在此过程中往往会创生出新的文明元素形态。融之本义指炊气上出，地气蒸腾。又引申出几种不同事物合成一体的含义，如融会、交融。又因冰雪融化则成水流，引申出"通"义。如何晏《景福殿赋》："云行雨施，品物咸融。"又引申出"昌盛"义。如陶渊明《命子》："在我中晋，业融长沙。"又引申出"长久"义。如《诗经·大雅·既醉》："昭明有融，高朗令终。"《毛诗正义》释曰："融，长。"将以上诸义综合起来理解中华文明的"包容性",则不仅具有基本的融合含义,还预示着文明有"融"则可通、可昌盛、可长久。

"融"在中国思想史是一个颇受关注的重要思想概念。北魏时期,《十地经论》的研究成为一时显学,专注于《十地经论》研究的地论师非常重视"融"思想,并进行了深入的阐发,成为后世"圆融"思想的渊源。敦煌出土的北朝写本《融即相无相论》中言:"欲显平等融道义……夫融者,善(盖,笔者按)是玄奥之灵海,冲秘之妙藏,莫二之灵向,圆统之美号,斯乃可无碍之良津,通同之大鼓。亡彼我之。"[1]地论学派整个思想体系分为"五门","融门"则是"五门"思想体系的归宿与最高境界。"融"的思想是形而上的根据、玄妙的境界、不二的归宿,超越人我对待等差别与矛盾,"融"与"圆""无碍""同"等同义。[2] 根据其他敦煌写本对"融门"的阐释[3],"融"的思想又可以从三个方面来展开:(1)平等性,"融"揭示了自他平等关系,这也是讨论融思想的起点;(2)开放性,能使存在者面向世界开显自身全部的可能性;(3)相依性,能将不二立足外部对自他关系的评判与空性对

---

1 青木隆等主编:《藏外地论宗文献集成》,首尔:图书出版 CIR,2012 年,第 416 页。
2 参见圣凯:《南北朝地论学派思想史》,北京:宗教文化出版社,2021 年,第 537 页。
3 参见敦煌写本 BD06771、BD07808。

个体本真状态的彰显纳入整体性的视野。[1]"融"的哲学不只是实现物理或表面上的和解,而是在更深的层面上解决人与人之间、人与自然之间,甚至人与自我之间的对立和差异。一切对立和差异都被视为表相的多样性,而在更深的层面上,实则是一体的。这种解决方式是通过内在的道德提升和精神升华来实现的,是对"道"的深刻理解和实践。在这种理解中,"融"与"圆""无碍""同"这些概念相通,都表达了一种完满无缺、无障碍、同体相契的状态。

置于中国哲学思想语境中,"容融"的含义复杂而多层次,涵盖了从形上学到具体实践的广泛领域。它不仅是一个哲学概念,而且是一种文化和精神生活的指导原则。"容融"的深层含义体现了一种对多元、多样、差异元素的深刻理解和处理方式。这不是简单的物理合并,而是一种更为复杂和富有创造性的过程。"容融"强调的是差异性元素之间的矛盾冲突与消解融合,追求的是从多样性中产生新的统一性,而非单一元素的机械重复和叠加。"容融"的本质是抉择性扬弃过程,是有去有存的过程。在这一过程中,保留了各个元素中最为精华的部分,同时舍弃那些可能导致冲突或不和谐的因素。这是一个典型的有机过程,不同于机械的组装。"容

---

[1] 参见王帅:《圆融何以可能:地论学派的视角》,清华大学哲学硕士学位论文,2019年,第4页。

融"强调不同元素之间的相互依存和平衡,相互补充和协同工作,共同推动整体的进步和发展,而不是简单的统治或支配。在"容融"的过程中,多元和多样的元素通过有机的互动和调和,实现了一种更高层次的秩序和协调。而且这种秩序是动态的,不是静态的固定僵化模式,而是一个持续演变的状态。这种变化是连续和反复的,反映了一个不断自我更新和完善的过程,在不断的变化中寻求和实现新的秩序,从而使文化和思想得以持续发展和创新。

"容融之道"的诸特征表现为:(1)在物质、思想和文化层面,"容融"被视为新质事物产生的基础。正所谓"和实生物",在多种思想、文化或物质元素相遇并融合的过程中,能够产生新的事物或理念。这不仅仅是物质层面的结合,更是观念和精神层面的创造和新生,在继承的基础上超越原有的限制,产生全新的价值和意义。(2)"容融"思想强调的是不同元素之间的流动和交汇,通过这种方式,整体体系能够包容并整合多样性和多元性。正所谓"同则不继",这种融汇不是单一元素的简单叠加,而是多样元素动态的、有机的结合,使得各个部分相互影响,共同演进。在文化领域,这种方式是文化多样性和文化创新的关键,它鼓励不同背景和视角的相遇与对话,从而激发新的思想火花和文化表达。(3)"容融"构成了一个开放的、包容的体系,它不断地与外部世界交互，接纳新的元素，同时也影响外界。"容融"体系不是静止不变的，而是在不断的动态中维持和发展其多样性和多元性。在此体系下，变化和发展是常态，革新和适应是必需。这种体系鼓励开放的态度和对未知的探索，使得文化和知识可以自由流动，更好地适应快速变化的世界。

第二章
循事见理:"包容性"的哲学阐释

中华文明的包容性,植根于5000多年文明积淀形成的中华优秀传统文化深厚底蕴之中,体现了中华文化深层次的哲学思维与价值取向。这种文化的包容性表现在多个层面:从不同地域的文化和族群的融通与共生,到外来思想与实践的吸收和重塑,每一个层面都有鲜明体现。中华文化的哲学思想非常注重对世界的整体性理解。在儒家、佛家、道家等主要哲学体系中,普遍强调合一、一体、同体的思想,认为人不仅与自然世界是一体的,而且与社会其他成员也是同体共生的关系。这种思维模式推崇平衡、中道,强调多样性与统一性的相互成就,自然地培育着深刻的包容性。

前文已从"义"的视角对"包容性"进行了考察,以下从"理"的视角对"包容性"进行哲学基础的研究阐释,具体而言,将从多元与一体、差异与共识、自我与他者几个方面展开讨论。

第一节　多元与一体

习近平总书记指出："中华文明从来不用单一文化代替多元文化，而是由多元文化汇聚成共同文化。"中华文明的特色之一就是它的多元一体的文化格局，这种独特的文化结构并不是通过单一文化的复制或强制同化来实现的，而是通过多种文化元素的相互作用和融合，共同构建出一个丰富多彩而统一的文化共同体。习近平总书记指出："我们讲中华民族多元一体格局，一体包含多元，多元组成一体，一体离不开多元，多元也离不开一体，一体是主线和方向，多元是要素和动力，两者辩证统一。"[1] 多元的文化在历史的长河中互相影响、互相借鉴，共同形成了一个多层次、多样化的一体文化体系。这种文化多元性的存在不仅丰富了中华文化的内容，也为其发展提供了持续的创新活力。在"多元一体"文化框架中，"一体"是指中华文明的文化认同，它是多元文化共存的中心和核心，而且，这种一体性并不是静态固化的，它是不断吸纳和整合新文化要素而与时俱新的动态过程。

---

[1] 中共中央文献研究室编：《习近平关于社会主义政治建设论述摘编》，北京：中央文献出版社，2017年，第150页。

"多元"是中华文化共同体不可分割的组成部分，多元文化不仅是一体性的基础，共同构建了中华文化的整体性，也是其发展的内在动力。

"多元"与"一体"的关系蕴含着对"一"与"多"这一对哲学范畴的思考，这对哲学范畴在不同历史时期不同流派的哲学体系中都是重要的论题。

一、整体与部分视角的"一"与"多"

惠施在"历物十事"（载于《庄子·天下》）中比较早地提出了关于"一体"的论题，其关注点在于天地万物包括人在内的"一体"，即"泛爱万物，天地一体"。我们虽然已无法直接知晓惠施本人对于"一体"含义的解释，但可以借助庄子的相关论述来推断。《庄子·大宗师》言："孰能以无为首，以生为脊，以死为尻，孰知死生存亡之一体者，吾与之友矣。"首、脊、尻诸部分合而为一身，生死与存亡之间的关系犹如首、脊、尻之间的关系一样，是谓一体，也就是说构成一个不可分割的整体。《庄子·则阳》云："圣人达绸缪，周尽一体矣，而不知其然，性也。"对"周尽一体"一句，郭象注曰"无外内而皆同照"。即内外不二，物我混同一体也，应该说此处的一体与惠施所言更为接近。惠施所言"泛爱万物,天地一体",即谓天地万物共同构成一个整体,与《庄子·齐物论》所言"天地与我并生,万物与我为一",可谓旨趣大同。

《吕氏春秋·精通》在人伦道德层面强调了"一体"前提下的同中之异与异中之同的并存:"父母之于子也,子之于父母也,一体而两分,同气而异息。若草莽之有华实也,若树木之有根心也,虽异处而相通。"父母与子女,虽然形上两分,但仍属于一体,同气不妨碍异息,异处又不妨碍相通。整体与部分不仅具有不可分离的一体性,而且同中有异,异中有同,同不碍异,异不碍同。以此推之,即子孙与祖先形体虽分而同源共根,同气而贯通,这也是尊祖思想的理论基础。《仪礼·丧服传》又将父母与子的"一体"关系进一步推广到夫妻、昆弟:"父子一体也,夫妻一体也,昆弟一体也。故父子首足也,夫妻胖合也,昆弟四体也。"三组"一体"关系共同呈现出不可分离、你中有我、我中有你、同中有异、异中有同的特征。

《管子》在国家治理方面提出了"一体"说。《管子·君臣上》云:"先王善与民为一体。与民为一体,则是以国守国,以民守民也。"房玄龄注:"以百姓心为心,故言一体。一国同一意,万人同一心。"这里的王与万民在"心"和"意"层面的"一体"是民本思想的体现。《管子·七法》云:"有一体之治，故能出号令，明宪法矣……一体之治者，去奇说，禁雕俗也……制仪法，出号令，莫不响应，然后可以治民一众矣。"房玄龄注："上下同心，其犹一体。"从原文"一体之治者，去奇说，禁雕俗"来看，这里的"一体之治"更强调整体统一性、法令的上下通行性，从而将众民一体而治。

《白虎通义》在治世之策上提出了忠、敬、文三教之间多元而一体的逻辑关系。三教被认为是夏、商、周三代治理国家的重要手段，因此董仲舒称之为"百王之用，以此三者"。《白虎通义》非常重视"教"，把"教"推重到治世之要策、立国安民之根本的高度，同时也是成就个人道德修养的途径。此教一分为二即文、质，一分为三即忠、敬、文，然而这种"分"最终还是指向一体之"统"，故《白虎通义·三教》云"三教一体而分，不可单行，故王者行之有先后。何以言三教并施，不可单行也？以忠、敬、文无可去者也"。三教虽然在实践上有先后，但三者是互依不离的一体，最终的目的依然是三者兼具，不能偏居一端。

战国后期，随着小国被大国兼并瓜分，政治、经济、军事优势渐渐集中到几个大国手中，天下统一的趋势越来越明显。荀子敏锐地把握到了这一伟大历史进程，并在制度上和思想上对于即将到来的天下"大一统"进行了理论建构。对于社会治理问题，荀子根据"人能群"的特性提出了"群居和一"的观点,通过"明分使群",使多元的差异性个体在一体的社会中有秩序地各居其位、各履其分。荀子认为,实现把多元个体有序地统之为一体的途径便是礼义。在求知方法上,荀子也提出了以一统多的"择一而壹""以一知万""以一持万"的学习方式。《荀子·解蔽》言:"心枝则无知,倾则不精,贰则疑惑。以赞稽之,万物可兼知也。身尽其故则美,类不可两也,故知者择一而壹焉。"《荀子·非相》言:"故曰:欲观千岁,则数今日;欲知亿万,则审一二;欲知上世,则审周道;欲知周道,则审其人所贵君子。故曰:以近知远,以一知万,以微知明。此之谓也。"《荀子·儒效》言:"以浅持博,以今持古,以一持万。"荀子认为在求知的过程要能够专精于一,触类旁通,由一知多。

隋唐时期,中国佛教哲学从认知的角度以"六相"这组概念对一体与多元关系进行了全面的讨论。法藏《华严一乘教义分齐章》言:"总相者,一含多德故。别相者,多德非一故。别依止总,满彼总故。同相者,多义不相违,同成一总故。异相者,多义相望,各各异故。成相者,由此诸缘起成故。坏相者,诸义各住自法不移动故。"总相即包含多元之一体,别相即一体内各个元素,总相与别相即整体与部分、一体与多元的关系。一含多德为总相,如人身具眼、耳等诸根共成一体,多元各立而非一为别相,如身体虽是一整体,而与眼、耳等诸根各个不同。各个元素有别于整体，没有区别则总体无法实现。同相者，多元之间互不相违，力凝一处，共同构成整体，如眼、耳等诸根同成一身体。异相者，多元之间，各个相异，如眼、耳等各异。成相者，多元和合而使一体得以实现。坏相者，多元各居自分而不进行融合，则一体无法成就。根据华严学的解释，一为有力能容多，多为无力能随顺一体，被摄入于一之中，由此说一中能容纳多，即"一中多"。又，多为有力，一为无力，则多容一，一入于多，多中摄一，是谓"多中一"。通过以上探讨，我们对一与多之间的复杂关系具有了更全面而深刻的认识。

二、本体与万有视角的"一"与"多"

《周易》以"太极"作为天地万物的本原，阐释了万物虽多，皆出于"太极"的宇宙生成论。《周易·系辞上》云："易有太极，是生两仪，两仪生四象，四象生八卦。"郑玄《周易注》解释太极说："极中之道，淳和未分之气也。"李鼎祚《周易集解》引虞翻说："太极，太一。分为天地，故'生两仪'也。"在汉代的诠释中，太极被认为是原始的统一体。"易有太极"四句描述了宇宙从太极到两仪，再到四象、八卦的过程，展现了从"一"到"多"的生成过程。太极成为万物生成的源头、宇宙的本初状态，即"一体"，而"多元"则是所生的万物。《周易》整体的推理逻辑建立在普遍联系的思想之上，不仅关注单一元素或个体的变化，而且将宇宙视为一个相互关联、相互影响的整体系统，其中每个部分的变化都与整个系统的状态密切相关。不仅多元共同构成了一个整体，而且多元之间也相互影响、相互作用。

道家哲学解释宇宙万物的本原，主要通过"道"的概念来体现。《老子》曰："道生一，一生二，二生三，三生万物。"其对宇宙生成衍化模式的理解与《周易》相类，但又有差别。[1]两相参照，如何理解太极、道、一之间的关系，至今在学界依然论争纷纭。唐孔颖达在《周易正义》中试图将二者贯通理解："太极谓天地未分之前元气混而为一，即是太初、太一也。故老子云'道生一'，即此太极是也。又谓混元既分即有天地，故曰'太极生两仪'，即老子云'一生二'也。"也就是说，孔颖达认为太极即"道生一"之"一"。

在《老子》的哲学体系中，"道"被视为宇宙万物的本原、本体，是超越一切的终极存在，是宇宙统一性的终极法则和意义统一性的终极价值。"道"不仅是宇宙万物的起始和本原，而且也是万物运动变化所依据的原则的起点和终点。"道"本原生成模式强调从无到有、从简到繁的过程，体现

---

[1] 《周易》遵循"二"的Ｎ次方的演化模式，全然没有《老子》所述"三"的位置。

了万物生成的自然法则。老子指出,"道"是"有物混成,先天地生",表现了"道"的时间和状态;"独立而不改"强调了"道"的独立性和永恒性;"周行而不殆"强调了"道"的周行不息,意味着"道"的运行是持续而永恒的。"道生一"表明了从"道"到"一"的生成过程,而"一"在这里并不等同于"道",而是指"道"的集中体现或焦点。通过"大一"思想强调了"道"的整体性和大全性,即"道"既包含了一切,又超越了一切对立和分别。这种思想体现了道家对于"一"与"多"的辩证理解,即"一"不是简单的单一性,而是包含了无限多样性的统一体。"道"作为宇宙的根本原理,它既是"一",也是"多"。"道"集中体现了无分别、无差别和整体大全的特性。道与万物之间既是生成关系,同时也是复归的关系。《老子》提出了"复归其根""复归于朴""复归于无物"的主张,强调万物最终都要返回到它的本根——道。庄子在老子的影响下,提出"复返自然""无为复朴""雕琢复朴"等观点,并进一步发展为"万物复情""万物一齐"的观念,认为万物应当回归于自然、本分、素朴,即复归于万物的本然之性。

在中国哲学中,"一"通常指的是整体性、宇宙本原或统一原则。它是所有存在的基础,是混沌未分之初的原始状态,也是万物归一的终极目标。在道家哲学中,"道"被视为"一"的最高表现,是宇宙万物生成和运行的根本原理。而在儒家思想中,"一"则更多地体现为道德和社会秩序的统一基础,如天理和人伦。"多"则代表了宇宙中的种种现象、具体事物和多样性。这些事物和现象表现出形态和功能的多样性,是宇宙丰富性的体现。中国哲学强调"一"与"多"之间的统一,这种统一不是简单的相加,而是一种动态的、相互渗透的关系。万物虽各自独立,但都遵循着同一的法则,都归属于"大一"的框架,并在这个"大一"的框架下展现各自的特性。这种哲学思想为我们理解中华文化既强调整体统一又重视多样性的多元一体格局提供了有力的理论支撑。

第二节 差异与共识

习近平总书记指出:"中华文化认同超越地域乡土、血缘世系、宗教信仰等,把内部差异极大的广土巨族整合成多元一体的中华民族。"中华文化在其历史演变中,始终秉持"求同存异"的理念,这不仅是一种和谐相处的哲学,更是对差异的深刻认识和尊重。这种文化观念并不试图消灭差异,而是在差异中寻求共识，通过共识来整合和包容差异，形成一个兼容并蓄的统一体。在共识的基础上吸纳和融合差异，从而实现"同中有异，异中有同"的状态。文明和文化本质上是由多样性、差异性和共同性构成的复合体。在文化的通约性中，我们总能发现那些使其变得独特的差异性元素；反之，即便在显著的文化差异中，也总能找到共通性基础。这种动态的互动不仅展现了文化的深度，也反映了文化的普遍性和特殊性之间的平衡。中华文化的这种显著的包容性特质展示了其独到的世界观——尽管它表现为一个统一的整体，却从未显得单调乏味。它能够保持各种多元的特色和差异，体现了文化的多样性和丰富性。同时，这种文化虽然包含多种多样的元素，却不显得杂乱无章，而是能够在共同的文化认同中找到凝聚力，实现超越分歧的统一。这种超越性不仅促进了内部的和谐，也增强了对外界多样性的吸收和适应能力。此中蕴含着对于"同"与"异"这一对哲学范畴的思考，这一对范畴也是中国古代哲学思想中的重要论题。

中国哲学很早就对"和""同""异"之间的关系进行了睿智的辨析。《国语·郑语》记史伯言："夫和实生物，同则不继。以他平他谓之和，故能丰长而物归之，若以同裨同，尽乃弃矣。"《三国志·魏书·夏侯玄传》云："和羹之美，在于合异。"《论语·子路》载："子曰：君子和而不同，小人同而不和。"这些观点都认为世界万物是差异性的和谐统一,承认世界的差异性,注重在差异中寻找共识,在多样性中寻求统一,是人们认识世界的基本原则。这种"和而不同""求同存异"的哲学,不仅重视个体与整体("同")之间的关系,还关注独特个体("异")之间的动态互动。这一理念不仅体现在自然观、政治观、伦理观方面,而且在文化观方面也有深刻的体现。尽管每个差异性个体在其特性上是独立的,但在历史和社会的进程中无法孤立存在,必须与其他个体建立联系。通过这种联系,每个独立个体的价值被认可的同时,也形成了社会的认同和统一结构。世界、社会、个体都是持续运动,运动是常态。在这个不断变化的过程中,没有任何事物能够保持与过去完全一致的状态;每一个瞬间都是新的,每一个现象都在变化。因此,"异"在不断的变动中与其他"异"相遇、相互作用,通过这种作用,新的"同"得以产生,正所谓"和之美"在于"合异"。社会的存在和进步依赖于这种"异"与"异"的相遇和相互作用。如果一个"异"孤立存在,不与其他"异"建立关系,那么它虽然保留了其固有的特色,但无法参与到更广泛的共同关系中,也就失去了其社会性、世界性的意义。"和而不同"的"合异"观念认为,通过"异"与"异"之间基于相互协商和平衡的有机关系,可以形成一种共享的共识意识,这种意识具有适用于差异性群体的普遍性价值，此普遍性并非来源于某个单一的绝对的理念，而是源自群体成员们基于差异性的有机交流。而且这种普遍性共识也是有条件的，会随着时代等环境条件的变化而重新界定。当然，这不是一个由上而下的共识强加，而是从具体、特殊的实际情况出发，逐渐形成的普遍性共识。这种从"差异到共识"的过程，使得共识更具包容性和适应性，能够反映和满足多元个体的一致性需求。

战国时期，墨家提出了"同异交得"的思想，具体而言，即"异中之同"与"同中之异"。墨家认为，"同"的概念并不仅仅意味着简单的一致或相同，而是指在众多差异中仍能寻找到的同一性，即"异中之同"。这表明，任何事物的同一性都是在其多样性的背景下形成的，同一性不能脱离差异独立存在。所谓"异"，强调事物之间的不同和区别，但这种差异性并不是与同一性对立的，而是"同中之异"。在墨家看来，事物的差异性和同一性不是互斥的，而是相互依赖、相互结合的，它们通过相互作用和渗透，共同构成了事物的全貌。这种观点强调即使在差异显著的情况下，也能找到事物之间的内在联系和共通性。"同"与"异"是相互关联的，它们以对方为存在的前提，并从对方中获得自身的具体性和定义。"同异交得"的观点不仅反映了事物的复杂性，也强调了理解和处理问题时需要同时把握事物的同一性和差异性。

墨家的这一理论框架为理解和解决社会、伦理以及政治问题提供了一种独特的视角,即在看似对立的多样性中寻找和强调统一性的重要性。事物的发展和变化,也正是在"同"与"异"的动态交互中持续进行的。

《庄子·则阳》提出了"合异以为同,散同以为异"的观点。庄子这句话可以从多层面进行解读:(1)差异性和多样性是造就整体性和共同性的力量。事物的整体性和共同性力量,都是由多样性、差异性造就的。没有事物的差异性、多样性,没有事物各自的作用,就没有创新性,也没有事物的整体力量。(2)世界上的事物及其定义标签(如"同"和"异")都是相对的,不是绝对的。在不同的情境和观察角度下,原本被视为"异"的事物可以被重新解读或重新组合,从而成为"同";反之,原本被视为"同"的事物,也可以在不同的视角或条件下被解构为"异"。这种观点体现了对绝对分类和固定身份界限的反思。(3)这一表述强调了事物之间的互相转化的可能性。在一定条件下,"异"可以转化为"同",同样,"同"也可以散为"异"。(4)这种观点也体现了一种去极化的思考方式,即不将事物固定在某种属性或状态,而是认识到任何事物都可以从一个状态转变为另一个状态。这种思想有助于人们超越表面的对立和差异,看到事物更深层次的联系和共性。

庄子在《齐物论》中还提出了"道通为一""万物齐一"的观点,体现了其在"同"与"异"问题上的独特智慧。在庄子那里,"未始有"向前无限追溯的原初世界是混沌未分的统一体,现实存在世界则是以分、殊、异为特征的世界。而庄子认为:"举莛与楹,厉与西施,恢恑憰怪,道通为一。"现实世界中有细小与高大的差别,有美丽与丑陋的差别,然而在"以道观之"的视域下观看这些差异,就会发现,万物、彼我在"道"的层面上,都是齐一的。庄子"道通为一"既论及统一性,也承认差异性,统一性恰好是建立在差异性的基础之上的。[1]"道通为一"强调了道的普遍性和一体性,即所有事物虽然表面上多样和差异,但它们都源于同一的道。这意味着宇宙中的一切差异和多样性最终都可以追溯到一个统一的原则或本原——道。道是贯穿一切事物的共通本质,是所有事物存在和变化的原因。在庄子看来,所谓的差异与区别都是人为的,不能完全捕捉到事物的真实状态。通过"道通为一"的观念,庄子鼓励人们超越这些人为的分别,理解事物本质的相通和统一,看到不同现象背后的共同根源。关于"齐物"要旨,历代解读不一,章太炎认为以往的《齐物论》旧释,都不能彻底解明齐物平等的确切内涵,而以所谓

---

[1] 参见王颂:《齐物与圆融:哲学视域下的佛解〈齐物论〉》,《世界宗教研究》2022年第9期,第17—26页。

"世俗所云自在平等"为"齐物"。因此章太炎博征诸家撰成了独树一帜的《齐物论释》,来贯通解释并进而重构《齐物》难知之理。章太炎所诠释的"齐物平等"的终极意义意味着平等必须是"具体"而"实际"的平等。平等不是抽象的平等,不是停留于"真际"理想中的平等,而是能够穿透事物之间的隔别,在具体事物之间发生的实际而具体的平等。真正的平等不仅不是抽象的"一往平等"意义上的普遍平等主义,而且也并非抽象的"自在平等"意义上的多元平等主义,而是发生在个别与个别、具体与具体之间的"不齐而齐"的价值对等性,那是一种因为差异所以平等的平等性。这种意义上的平等是一种"尽性"意义上的平等,而非"适性"意义上的平等。只有在"不齐为齐"的平等观之下,只有从个体乃至文明价值的具体的自主性出发,而不是从任何一元论的普遍主义的抽象宣称出发,也不是从任何多元主义的相对主义态度出发,个体乃至文明的价值自主性才能够真正建立起来。[1] 而这种"不齐为齐"的思想与孔颖达所提出的"不齐为诸齐之本"思想可谓不谋而合。《礼记·学记》言:"大德不官,大道不器,大信不约,大时不齐。"孔颖达疏:"春夏华卉自生,荠麦自死,秋冬草木自死而荠麦自生,故云不齐也。

---

1 参见张志强:《"操齐物以解纷,明天倪以为量"——论章太炎"齐物"哲学的形成及其意趣》,《中国哲学史》2012年第3期,第109—123页。

不齐为诸齐之本也。"

中华文明的形成和发展是历史长河中各种差异性元素不断融合和互动的过程。在广袤的地域上，不同地区的乡土文化和民间传统各具特色，血缘关系和家族世系不仅维系着社会的结构和秩序，也是文化传承的重要渠道，宗教信仰和哲学思想也呈现出"百花齐放"的格局，而通过长期的交流和互动，这些差异被整合进一个更广泛的超越性的文化认同中。在这样的背景下，中华文明展现出了包容性的魅力，即在尊重和接纳差异的基础上，形成了一种超越地域和族群的文化认同。这种认同不是简单的同质化，而是一种在多样性中寻求共性的文化智慧。将视角拓展到全球，人类文明的多样性和差异性构成了世界的基本特征。每个民族的历史背景、民情民俗都不同，这些差异孕育了各自独特的文明，使得世界变得更加多元和丰富。文明之间不存在绝对的高下或优劣之分，每种文明都有其独到之处和特色之美。在全球化日益加深的今天，文明差异不应成为人类冲突的根源，而应转化为推动文明交流、融合与进步的动力。通过理解和尊重彼此的文化差异，促进文明之间的对话和合作、交流和互鉴，我们可以共同推动人类社会向前发展。

第三节　自我与他者

习近平总书记指出："和平、和睦、和谐是中华文明五千多年来一直传承的理念，主张以道德秩序构造一个群己合一的世界，在人己关系中以他人为重。""以他人为重"的理念，体现了一种超越自我中心的道德意识和行为指南。这种伦理道德关怀的核心在于认识到每个人都是具有内在价值和尊严的独立个体，因此在进行任何个体行为和决策时，应当充分考虑他人的存在和利益。这一观点还倡导在道德和哲学层面重新评估"利他"的价值，个体被鼓励在决策时将他人的福祉置于自己的利益之上，这不仅涵盖了避免对他人造成伤害的负面责任，还包括了积极促进他人福祉的正面责任。"以他人为重"还强调了个体与社会的关系不是基于简单的交易或互惠原则，而是建立在深层次的道德责任感之上，意味着个体在行动时需要考虑到其行为对社会结构和他人生活的长远影响，从而促成一个更加互利和谐的社会。

习近平总书记还指出："中华文明的包容性，从根本上决定了中华民族交往交流交融的历史取向，决定了中国各宗教信仰多元并存的和谐格局，决定了中华文化对世界文明兼收并蓄的开放胸怀。"中华文明的发展历程是一个典型的文化交流与融合的历史进程。通过对外来文化的吸收与整合，中华文明不仅丰富了自身的文化内涵，还在此过程中推动了文化的创新与发展。这种对"他文化"的包容和融合，是中华文明保持活力与创新力的重要来源。在历史的长河中，中华文明接触并吸收了多种域外文化元素，如印度的佛教，西亚的基督教、伊斯兰教，以及西方的文化和科技知识。通过这些文化的输入，中国不仅引入了新的宗教信仰、哲学思想和科技知识，也在艺术、文学和社会制度等方面得到了极大的丰富和发展。例如，佛教传入中国后，经过中国化进程，不仅形成了具有中国特色的宗教流派，还深刻影响了中国的文学、艺术、哲学和民间信仰。同时，中国也在中外互动中以中华文化回馈世界，传播于各地，从而形成了利他与自利并行不悖的互惠共享的世界格局。

其中蕴含着对"自"与"他"这一对哲学范畴的思考。

在中国的文化传统中，对待自他关系，普遍强调对自我和自我中心的超越，表现出"以他为重"的利他倾向。譬如道家的"无身"思想、儒家的"毋我"思想、佛家的"无我"思想，莫不如此。老子言："何谓贵大患若身？吾所以有大患者，为吾有身；及吾无身，吾有何患？故贵以身为天下，若可寄天下；爱以身为天下，若可托天下。"关于此处宣说的是"贵身"还是"无身",学者意见多有分歧,笔者更倾向于"无身"说。高亨认为,此处"主要论点是教人不要只顾个人利益……只有大公无私,用尽自己的力量以为天下人,才可以做天下的君长"[1]。詹剑峰认为这一段可以解释为:"愿意用其生命以为天下人,能如此者才可以天下事寄与他;乐献其生命以为天下人,能如此者才可以天下事付托他。由此可见,担当国家的重任者,必须具备舍己为群的思想和品德。"[2]孔子则提出了"毋我"的主张。《论语·子罕》:"子绝四:毋意,毋必,毋固,毋我。""毋我"指向一种超越个体小我的理念,这里的"我"代表着个体的自私欲望,"毋我"则鼓励个体不过分追求自我利益,而是将个体的小我置于更广泛的集体或社会的他者和大我之下。佛教的"无我"思想也指引人们超越自我的限制,通过和平、同情和利他的方式,建立一个自我与他者、自我与世界互利共生的世界。

庄子在《齐物论》中提出的"非彼无我,非我无所取"观点体现了其对自他关系的深邃见解,对我们有深远的启发意义。没有"彼"(他者)就没有"自我",这种对个体存在和认知的哲学解读强调"自我"的存在不是孤立的,而是需要通过与他者(外部世界)的关系来定义和实现。这一思

---

[1] 高亨:《老子注译》,北京:清华大学出版社,2010年,第31页。
[2] 詹剑峰:《老子其人其书及其道论》,武汉:华中师范大学出版社,2006年,第303页。

考不仅适用于理解自我意识的形成，而且对于理解自我如何在社会和文化环境中找到自己的位置具有重要意义。个体的自我认知是一个动态的、互动的过程。我们通过与他者的交流、合作与冲突，通过参与社会关系，逐渐构建起自我身份和自我理解。例如，在家庭中，自我的角色（如子女、父母、兄弟）不仅定义了其与家庭成员的关系，也影响了他们的自我认识。在社会关系中，个体通过与更广泛范围内的他者的互动，继续形塑自己的社会身份和个人特质。在这种自他关系中，他者（外部世界）对自我发展有重要的影响，自我不仅通过模仿他者、学习社会共识来发展自己，而且通过对外界信息的吸收和处理，通过与外界的互动来不断调整和发展自我的思维和行为模式。个体不仅在物质和精神上需要外界，而且在行为和思考上对外界有一种主动的依赖。即是说，个体对他者、外界的行为、选择和获取都是以自我为出发点，是自我对外界的需求和利用。对外界的依赖不只是被动地接受，更多的是一种积极的参与和获取。在此过程中，个体的自我意识起到了核心的调节和指导作用。通过连接自我与他者，自我不断地从他者、外界那里获取所需的各种输入，以满足自我的发展和实现。因此，这种主动的吸收输入行为是个体自我实现过程中不可或缺的一部分。这种思想反对自我中心主义，即认为个体是独立于世界存在的自足实体；相反，它提出个体的自我是在与他者、与外部世界的关系中被不断重塑的。

隋唐时期，华严哲学以"事事无碍"的概念阐述了自他之间的"自他无碍"关系。在这一思想体系下，宇宙是一个统一的整体，事物与事物之间、一事物与其他一切事物之间都是圆融无碍的，这种思想被称为"事事无碍"。具体表现形态是"相即"和"相入"，也就是说，"相即"与"相入"是构成各现象之间、自他之间普遍联系的两种形式。华严哲学分别从体或力（用）两个方面来论述"相即"或"相入"。"相即"是相应于体，就事物自身的或空或有（幻有）而论；"相入"则是相应于力用，即事物在势力上表现为或有力或无力。[1]

"相即"不仅描述了事物间不相异、紧密且不可分割的关系，而且阐释了这种关系如何构成事物存在的本质，这种思想也深化了对事物"同一"本质的理解，即通过彼此的密切联系实现统一性。事物之间虽然具有各自的特性和表象，但在更深层次上，它们通过一种内在的联系被连接在一起，它们通过相互依存和相互影响共同存在，构成一个不可分割的整体。在佛教哲学中，"空"并非指无（假层面的）存在，而是指缺乏恒常自性。每个存在（"有"）都是因其他存在的条件和因素而产生，这种依他的存在因此被视为"空"。

---

[1] 参见方立天：《华严宗的现象圆融论》，《文史哲》1998年第5期，第68—75页。

在这种观点中,"相即"关系揭示了一方的存在("有")是依赖于另一方的相对非存在或条件性存在("空")而得以成就。《华严一乘教义分齐章》从自他双方的空有关系论证了"常相即"的必然性:"初中,由自若有时,他必无故,故他即自。何以故?由他无性,以自作故。二由自若空时,他必是有,故自即他。何以故?由自无性,用他作故。以二有二空各不俱故,无'彼不相即'。有无无有,无二故,是故常相即。"这里通过分析"空"与"有"的概念来阐释"相即"的关系。在这种关系中,必须一方为"空"(非存在或潜在状态),另一方为"有"(实在或显现状态),这样才能实现无碍的相即。如果双方同时为"空"或同时为"有",则无法形成有效的相即关系。具体到自他两者的关系中,如果"自"存在而"他"不存在,则构成了"他即自"的关系;反之,如果"自"不存在而"他"存在,则构成了"自即他"的关系。这表明,在"自"与"他"的相互关系中,处于非存在、否定或潜在状态的一方顺应于存在、肯定或当前状态的另一方。这种顺应,即前者容让后者,后者的存在成为前者存在的基础,正是"即"的体现。通过这样的相即关系,实现了"自他无碍"。具体而言,在一切事物中,"他者"作为形成某物"自体"的条件而存在,这样,就"自体"来说,"他者"就失去了独立的自性,由此可以说"自体"是"有","他者"

是"空",构成"自"即"他"。反之,由于某物的"自体"是由"他者"的条件构成的,离开"他者","自体"就不能成立,由此可以说"他者"是"有","自体"是"空",构成"他"即"自"。

"一即一切,一切即一"在华严哲学中是用来描述自他之间相即关系的重要命题。"一"指某一事物,而"一切"则指所有其他事物。这种表述强调,单一事物与所有其他事物之间存在着密不可分的联系,它们之间的关系是完全融合且无碍的。在华严哲学中,每一个事物都被视为因缘的节点,无数这样的节点通过因缘相连,共同构成了一个复杂的"大缘起"系统。在这个系统中,每个单独的因缘与其他所有因缘密切相关,互相依存。任何一个因缘都与其他因缘相即,而所有因缘亦相即相入,实现了圆融与无碍。如此,事物之间的联系并非基于逻辑上的排他性,而是建立在共生共存的基础上。每个事物都是其他事物存在的条件,这种相互成就的关系让所有事物能够无碍地相即相入。通过这样的视角,华严哲学提供了一种看待自他、社会和世界相互关系的独特方法,强调了一种从整体到部分,从部分到整体的相互理解和包容。

"相入",即相摄、相容,也就是有势力的事物把无势力的事物作为可能性而含容。法藏在《华严一乘教义分齐章》

中从自他关系对相入的含义进行了剖析:"二明力用中,自有全力故,所以能摄他。他全无力故,所以能入自。他有力,自无力,反上可知。不据自体,故非相即;力用交彻,故成相入。又由二有力,二无力,各不俱故,无'彼不相入'。有力无力,无力有力,无二故,是故常相入。"这是从事物形成的力、作用而论,构成事物的众多力量在作用机制上具有差异性。一部分力量发挥主导和引领的作用,这些力量被称为"有力"。相对应的,另一部分力量则较为被动,缺乏主导性,这些则被视为"无力"。无力的部分往往依赖并依从有力的部分,通过借用有力者的力量作为自己的推动力,这便是所谓的"入"。在事物形成过程中,所有因素不会出现完全相等的力用状态——即所有因素同时都有力或都无力的情况是不存在的,总是表现为力的不均衡分布,即一方具有较强的力量而另一方则较弱,这种力的不平衡构成了事物形成和发展的动力,使得自与他之间能够互相作用,互相容入。在自他互动中,如果一个事物"自体"的力量强大,而"他者"的力量隐匿(无力),则"自体"具有将"他者"纳入自身的优势。相反,如果"他者"的力量强大,它同样能够摄取对方入于自身之内。自他双方根据各自的力量表现,能够互相吸纳和融摄。尽管一方被摄入另一方之内,但它并不丧失自身原有的特性和属性。这种相入可以分为同体相入和异体相入两种情况：在同体相入中，任何一事物都能表现出一切事物的本性，因此这种相入是无碍的；而在异体相入中，不同的事物相互包容对方的差异。

就文明语境而言，自有文明与外来文明都是独立的文明，同时又都是整体世界文明的组成部分，彼此之间并非绝缘，而是相互联系、相互影响的。并且不同文明都是平等的，不应有高下、优劣之分别。一个文明体要谋求发展变化，不仅需要缘于内部的"自力"，还需要缘于外部的"他力"来助益，因此互相之间需要展开开放的胸怀，善于利用"他力"来帮助自身发展。文明之间并非是冲突的"零和博弈"，也存在自利利他的互利可能。中华文明5000多年发展史充分说明，无论是物种、技术，还是资源、人群，甚至于思想、文化，都是在不断传播、交流、互动中得以发展、得以进步的。中华文明昭示了以包容性破解文明冲突障碍的容融之道，为解决世界文明问题提供了中国智慧和中国方案。正如习近平总书记所指出的："我们要坚持弘扬平等、互鉴、对话、包容的文明观，以宽广胸怀理解不同文明对价值内涵的认识，尊重不同国家人民对自身发展道路的探索，以文明交流超越文明隔阂，以文明互鉴超越文明冲突，以文明共存超越文明优越，弘扬中华文明蕴含的全人类共同价值。"[1] 平等、互鉴、

---

[1] 习近平：《把中国文明历史研究引向深入　增强历史自觉坚定文化自信》，《求是》2022年第14期，第7页。

对话、包容的文明观是中华文明道路实践的结晶，是对形成中华民族多元一体格局的历史经验的总结。[1]

中华文明在吸收外来文化的同时，也能够保持自身文化的主体性和独立性。这种能力源于中华文化深厚的历史积淀和自我更新的力量。中华文化的核心价值和传统在与外来文化的交流中不断得到确认和强化，而不是被替代或消解。这使得中华文化在全球文化交流中既显示出开放性，也展现了历史自信和文化自信。这种对外来文化的吸收和转化，使中华文明在漫长的历史进程中不仅保持了持续的活力，还形成了更加多元和层次丰富的文化格局。每一次文化的吸收和转化都相当于中华文明的一次新生，既是一种传承也是一种创新，使得中华文明能够在变革中保持连续性，在保持连续性中寻求新发展。

---

[1] 张志强：《弘扬中华文明蕴含的全人类共同价值》，《哲学动态》2022年第8期，第8页。

第三章
内蕴外彰：中华文明历史进程中"包容性"的体现

在中华文明历史发展进程中，"包容性"不仅是其突出的特性，更是内蕴于其历史全过程中的核心价值。这种包容性精神贯穿于中华文明的方方面面，于细微处皆可见其精神。不论是中华文明起源过程中内源文化的融通与共生，还是地域民族的融汇与共体、宗教信仰的通和与共存、外来文化的互鉴与互惠，都能从中看到内蕴的包容性文明特质的外彰与呈现。

第一节　内源文化的融通与共生

谈论中华文明之前，首先需要思考的问题就是：中华文明是如何形成的？也就是文明起源问题。中华文明的起源和早期发展历史缺乏文字的直接记录，有些也只是神话色彩浓厚的传说，这就需要借助于考古来解决。自 1921 年中国现代考古学开端以来，百年间几代中国考古工作者"上穷碧落下黄泉，动手动脚找东西"，随着考古学的发展，重要文化遗存持续被发现，我们对中华文明的认识得以持续深化和拓展。这些发现不仅拉长了我们对中华文明历史的认识轴线，还丰富了我们对其复杂细节的了解，使得这一古老文明的多维面貌得以更全面地展现。特别是中华文明探源工程的实施，通过系统的发掘和研究，有效填补了历史文献的不足和缺节，为理解中华文明的起源和早期发展提供了实证基础。这些考古成果揭示了中华文明的起源和早期发展是一个多元一体的过程，中华文明不是单一来源，而是多元的内源文化在互动和融合中逐渐走向一体而形成的。

不论是距今 1 万年前后还是 6000 年前后、5000 年前后、4000 年前后，古中国的四方四土皆有与中原同等水平或近似水平的区域文化出现，正如苏秉琦指出的，"中华大地文明火花，真如满天星斗，星星之火已成燎原之势"[1]。各区域文化有其原生的独立性，但又可以发现其在物质技术和器物的形制图案上有着某些相似之处，可知各区域文化之间存在着交流互动。这些内源区域文化在传承、发展、互动中，逐渐呈现出由"满天星斗"到中心引领的趋势，由无中心的多元走向有中心的多元一体[2]，中原文化逐渐成为引领的中心。

这种多元一体特色的形成，首先奠基于自然地理环境。中国地理范围广阔，东西最宽处约5200公里，南北最长处约5500公里，加之大陆海岸线长约1.8万公里，构成了一个多样且复杂的地理环境。这片广袤的土地上，高原、盆地、平原呈阶梯状分布，山地面积广大，气候类型多样，土壤种类繁多，矿产资源丰富，生物种类繁多，可谓是一个自然宝库。高原、山地、平原、丘陵、盆地等多种地形划分出复杂的地理单元，这些地理单元既有自然的屏障，相对地限制了不同区域间的直接接触，又有交往的通道，为人群的交流和文化的传播提供了条件。例如，长江和黄河成为古代文明的摇篮，而且是经济和文化交流的重要通道。在这样多样的自然环境

---

[1] 苏秉琦：《中国文明起源新探》，北京：生活·读书·新知三联书店，2019年，第106页。
[2] 参见冯时等：《万年中国：中华文明的起源与形成》，上海：东方出版中心，2023年，第276—277页。

中，各地区的居民依据自身的地理、气候条件，发展出了适合当地的生活方式和生产模式。北方的草原适合畜牧业，东南的河网密布地区适合稻作农业，西北的广袤沙漠和高原地区则孕育了干旱农业和畜牧业。这些不同的生产生活方式逐渐形成了独特的区域文化，如黄河流域的中原文化、长江流域的江南文化、西北的草原文化等。随着时间的推移，通过内部的"裂变"、外部的"撞击"和文化间的"融合"，这些多元的区域文化不断交流和互动，逐渐形成了一体的中华文明。这一过程中，地理的多样性提供了文化发展的多样可能，人类的活动则不断推动着这些可能向实际转化。这种从多元到一体的演进过程，鲜明体现了中华文明的包容性和整合力。

在旧石器时代，中国古人类完成了"连续进化、附带杂交"的演化进程。[1] 在中华大地上，早期人类活动留下了丰富的考古遗迹，尤其是多种旧石器时代的文化类型。这些文化类型不仅在南北方之间表现出显著的差异，而且在南北各自内部也有进一步的细分。这种差异化的文化表现，充分展示了古人类对于各自地理环境的适应和创新。在制石技术和石器类型上，我们可以看到各地区古人类如何根据可利用的资源选

---

[1] 参见中国历史研究院主编：《(新编)中国通史纲要》，北京：中国社会科学出版社，2024年，第6—9页。

择不同的石器原料。北方以石片石器或小石器为特征,南方形成"砾石石器传统"。这些在地理环境、生活方式和工具技术选择上的差异,已经初步显示了中华文明多源并发的特点。即中华文明的形成并非单一来源,而是多个地区、多种文化共同作用的结果。每一个地区的文化都为中华文明的形成和发展贡献了独特的元素,这种多元并存、相互融合的文化特征,为中华文明的丰富性和复杂性奠定了基础。

距今约1万年的新石器时代,中国成为全球最早开展人工种植稻、粟、黍等农作物的地区,这种种植农业活动的开展奠定了"南稻北粟"的史前农业格局,不仅改变了当地的自然生态和经济基础,还对社会组织和文化认同产生了深远的影响。农业的发展培育了中华文明以农业为核心的经济和文化基因,形成了以稳定农业生产为基础的社会结构,从而为中华文明的起源和早期发展提供了坚实的物质和社会基础。随着农业生产的稳定和发展,生产方式的转变促使人们从狩猎采集的散居生活方式转向聚集定居。这一转变带来了私有财富的积累和社会分化的初步形态,不同的社会角色开始出现,反映了生产力的增强和生产关系的复杂化。稳定的食物供给推动了人口的增长和社群规模的扩大,进一步推动了社会组织形式的变化,逐渐发展成更复杂的社会结构,如村落和部落。[1]

在距今约 9000 年至 6000 年间，中华大地上的各个主要文化区，如黄河流域、长江中下游地区、珠江三角洲等，逐渐形成了各自独特的文化传统，这些区域文化的多样性构成了中华文明初期的文化基础。距今约 7000 年，各地的多元文化传统以主要炊器为依据进行划分：长江流域地区为釜文化圈，淮河流域和黄土高原为三足器文化圈，燕山南北地区为筒形罐文化圈。而且文化圈内的区域差异也很明显：钱塘江以南，上山文化陶器精致，白彩内涵丰富；长江中游的高庙文化，陶器刻画图像繁缛复杂，表现天极宇宙观的主题；淮河流域的贾湖文化，乐器发达，出现龟灵崇拜；西辽河流域的兴隆洼文化玉器温润，出现对昆虫蜕变羽化之力的崇拜。距今 7000 年至 6000 年间，多区系并立发展的态势更加明确。西辽河流域为赵宝沟文化，黄土高原形成仰韶文化半坡类型，河南东部至河北北部形成了后岗一期文化，海岱地区为北辛文化，长江中游为汤家岗等文化，宁绍地区为河姆渡文化，环太湖地区为马家浜诸文化。各地区陶器各具风格。聚落布局方面，西辽河流域继续房屋成排分布传统，半坡类型房屋成组围绕中心广场，河姆渡文化为长排干栏式房屋。葬俗方

---

[1] 参见中国历史研究院主编：《中华文明史简明读本》，北京：中国社会科学出版社，2024 年，第 4—14 页。

面，半坡类型晚期盛行合葬，马家浜文化密集聚族而葬。艺术和信仰方面，半坡彩陶主题由鱼纹演变为鱼鸟组合，河姆渡文化刻画图像发达。虽然已经有各地间的交流，但遍及各地的一体化进程尚未开启。[1]

这一时期，以农业为主的生产方式在各地区逐渐确立，与之匹配的定居生活方式逐渐普及，这两者共同促进了社会结构和文化观念的演变。定居的聚落形式使得人们的生活方式从不定的游走狩猎采集转向稳定的农耕，这不仅大大提高了食物生产的效率，也加强了人们之间的互动和联系。随着定居生活的普及，家庭和亲情观念得到滋养，以血缘关系为纽带的氏族组织逐渐发展成熟并发挥了重要作用。在这种氏族组织中，家庭不仅是生活的基本单元，也是文化传承和社会活动的中心。家族内部的亲情纽带和共同的经济利益促使家庭成员之间形成了密切的合作关系。这种关系不仅限于日常的农业生产，还扩展到宗教仪式和社会生活中。例如家庭和氏族的成员共同参与祭祀活动，既强化了内部的凝聚力，也表达了对祖先的崇敬和对家族未来兴旺的期许。随着时间的推移，基于血缘关系的家族和氏族组织逐渐发展成为更大规模的政治和社会结构。这些结构在后来的国家形成和政治

---

[1] 参见李新伟：《"多元一体"概念在中华文明探源中的应用》，《中国社会科学报》2022年10月20日，第6版。

组织中扮演了核心角色。家族中培养出的责任感和对祖先的敬仰成为推动个体和集体行为的重要文化因素,深刻影响了中华民族的价值观和行为模式。因此,这一时期中华文明的多元文化传统不仅为中华文明的发展奠定了坚实的物质和文化基础,也形塑了中国社会独特的家族观念和社会结构。

农业生产与天文气象之间的密切关系促使先民高度重视天文观测。"观乎天文,以察时变"体现了古人通过观察天象来预测气候变化和选择农事活动的最佳时机的智慧。通过对自然界规律的细致观察与总结,先民们能够更有效地指导农业生产,提高作物的产量和质量。对天文的深入观察不仅限于生产实用目的,更触发了人们对于宇宙及其运行规律的深入思考和探索。在长期的天文观测和自然现象探索的过程中,先民们形成了一套早期宇宙观和原始的宗教信仰体系。例如,高庙文化中的"天极宇宙观"便是早期中华先民对宇宙中心想象的体现,由此形成了"天极之神"信仰。这些早期的宇宙观和宗教信仰,尤其是对"天"的崇拜,与对祖先的崇拜结合,共同构成了"敬天尊祖"的文化理念。这一思想不仅是宗教信仰的体现,更深刻地影响了中国的社会结构和政治理念。

距今 6000 年至 5300 年间,中国各地区普遍发生跨越式发展,进入早期文明阶段,"古国"如"满天星斗"熠熠生辉,多元特色显著。中华文明的重要元素和基因已经初步形成，先民们以血缘宗族凝聚社会，以天人合一、沟通感应的原始宗教信仰探究自然奥秘、协调人与自然的关系，以美玉、绿松石、象牙、精致白陶、刻画和彩绘图像物化信仰、展示艺术才华，在物质文化、精神文化和社会发展方面不断取得创新突破。[1] 西辽河流域的红山文化社会和安徽凌家滩社会均大量使用具有特殊内涵的玉器，宗教气息浓郁，但红山社会有以牛河梁遗址群为代表的与世俗隔绝的仪式活动中心。海岱地区的大汶口文化高等级墓葬随葬品奢华，但以表达世俗身份、威望、地位和财富的精美陶器等为主。长江下游的崧泽文化和长江中游的大溪文化社会与之相似。仰韶文化进入庙底沟时期，出现超大型墓葬、大型聚落和公共建筑，但随葬品很少。各地区选择的社会发展道路各具特色。尤为需要强调的是，各地区在社会普遍发展的同时，相互交流也日趋密切。新涌现的社会上层为了获取远方珍稀物品和神圣知识、宣示自己超越本地民众的特殊能力，努力开展远距离交流，形成连接各主要文化区的远距离交流网。交流内容主要是原始宇宙观、天文历法、高级物品制作技术、权力表达方式、丧葬和祭祀礼仪等当时最先进的文化精粹。这样的交流使各地区

---

[1] 参见中国历史研究院主编：《中华文明史简明读本》，北京：中国社会科学出版社，2024年，第4页。

成为共享文化精粹的共同体,即"最初的中国",中华文明的"多元一体"格局由此形成。[1]

距今5300年前后,良渚文化形成早期国家并持续发展,标志着中华文明的形成。[2] 良渚文化是"最初的中国"这一文化共同体形成后的第一个灿烂结晶,是融合式发展结出的第一个硕果。良渚文化之所以能够完成中华文明第一个早期国家的构建,正是充分融合此前凌家滩、红山和崧泽社会发展经验的结果。良渚文化在多元互动中兼收并蓄,以包容性推动经济、制度和文化的创新发展,为"最初的中国"的后续发展提供了范例。[3]

距今约4000年,随着"天极宇宙观"的深化演变,古中国社会逐步形成了"天下政治观"。这种政治观念是对广域治理、多元融合与中央集权统一的创新性政治构想,标志着对"文明型国家"的初步探索。这种政治理念的发展,促进了统一多民族、多地域的广阔疆域建立早期中国的政治实践。"天下政治观"的核心在于天人合一的理念,即人间的政治秩序应与天道相合,政治领导者不仅是世俗的统治者,更是

---

[1] 参见李新伟:《"多元一体"概念在中华文明探源中的应用》,《中国社会科学报》2022年10月20日,第6版。
[2] 参见中国历史研究院主编:《中华文明史简明读本》,北京:中国社会科学出版社,2024年,第24—27页。
[3] 参见李新伟:《在追溯中华文脉中读懂"文明中国"》,《人民论坛》2023年第23期,第32—35页。

维护宇宙与社会秩序的神圣使命的承担者。这一观念强调以民为本，认为政治的最高目的是实现民众的福祉。同时，家国一体的观念也在这一时期得到了进一步的发展，强调国家管理者应当像治理家庭一样爱护百姓。夏王朝的建立不仅是中国历史上第一个王朝的兴起，也是具有"一统"观念雏形的"王国"时代的开端。夏王朝的建立，标志着中华文明由部落联合体向中央集权的国家形式转变，也使中华文明多元一体的发展进程进入强大核心文化引领、进一步汇聚与融合的新阶段。

概述之，中华文明起源和早期发展阶段，各区域文化在各自的环境基础、经济内容、社会运作机制以及宗教和社会意识等方面，存在各种各样的差别，呈现出多元格局，而在长期交流互动中相互促进、取长补短、兼收并蓄，最终融汇凝聚出以二里头文化为代表的文明核心，开启了夏商周三代文明。因此说，中华文明的起源和早期发展是一个多元一体的过程。如严文明指出的："中国古代文明的起源是多元的，又是有主体的，以后的发展主体虽越来越大，仍然保持着多元，形成一种多元一体的格局。"[1]

百年中国考古实践，尤其是史前考古的事实告诉我们，中华文明是土生土长的原生文明，是一个经历了起源、形

---

[1] 严文明：《略论中国文明的起源》，《文物》1992年第1期，第48页。

成以及连续发展的独特文明，有着较为明显的"文明化"过程。中华文明的形成不是由于外力，而是内源文化的一次又一次的交融、整合与重组，并在文化思想层面形成了越来越强的认同和共识。中华大地的"满天星斗"式内源区域文化，构成了中华早期文明的"基因组""基因链"和"基因库"，共同孕育了后来的成熟的中华文明形态。虽然存在复杂多样、非单线进化，甚至文明进程的"断裂"，但个别断裂的区域文明并非是彻底的消失，其中一些重要的文明因素多被其他区域文明吸收、融合、改造，作为文明基因传承下来。而且，需要强调的是，这些中国早期区域文明对其他文明因素的吸收融合大多不是简单的复制性效仿，而是进行了相当程度的改革和创造，例如十分重要的代表性器物少见与原产地完全相同，多会创造出新的象征物以凝聚族群，增强认同。[1] 正是这种兼容并蓄、博综通贯又融汇出新的文明特性，成为中华文明生生不息的动力源泉。

---

[1] 参见高江涛：《中华文明具有突出的包容性》，《红旗文稿》2023年第12期，第26—29页。

第二节　地域民族的融汇与共体

习近平总书记在2019年全国民族团结进步表彰大会上指出:"一部中国史,就是一部各民族交融汇聚成多元一体中华民族的历史,就是各民族共同缔造、发展、巩固统一的伟大祖国的历史。各民族之所以团结融合,多元之所以聚为一体,源自各民族文化上的兼收并蓄、经济上的相互依存、情感上的相互亲近,源自中华民族追求团结统一的内生动力。正因为如此,中华文明才具有无与伦比的包容性和吸纳力,才可久可大、根深叶茂。"[1]中华文明5000多年连续的传承与发展,孕育和深化了中华民族的文化认同,统一的民族发展历史和深厚的文化传统共同构成了文化认同生成的实践基础与内在动力,在历史进程中逐渐生成了实体性的民族共同体和精神性的文化认同。中华民族从多民族"群星闪耀"的杂居格局发展为"百花齐放"的统一民族共同体的历史,既是各族人民奋斗、创造的生产发展历史,也是多元文化逐渐融合的文化发展历史。[2]

---

[1] 习近平:《论坚持人民当家作主》,北京:中央文献出版社,2021年,第284—285页。
[2] 参见邹广文、沈丹丹:《中华民族共同体文化认同的历史生成逻辑》,《天津社会科学》2021年第3期,第11—18页。

一、由多元到一体：中华民族共同体的凝聚

一部中国史就是一部中华大地上各民族交往交流交融的历史。我国古代先民很早就乘舟车之利，纵贯南北、沟通东西，绘就了各民族交往交流交融的壮美文明画卷。中华民族的形成和发展，就是各民族交往交流交融的结果。中华民族是在长期历史发展进程中形成的一个有机整体，或者说是稳固的共同体。费孝通将其特征概括为"多元一体"，这个看法也被学者们普遍认可。在世界范围内来看，这种现象即使说不是独特的，也是十分罕见的。

在中华民族的形成中，春秋战国时期及以前的华夏族、秦汉以后的汉族是两个关键点，华夏族又是汉族的前身。中华古称华夏，古华夏族多建都于其认为的"四方之中""天下之中"，因此又称中华。华夏或中华，首先指的是地理层面的意义，同时又是文化层面的基于文化认同凝聚而成的超越部落和部族的族群共同体概念。黄帝时期，将分布于黄河中下游的诸多部落统一为华夏部落联盟，不同部落族群相互融合，逐步演变为华夏族，成为中华民族的前身。

夏、商、周三代，则是华夏族正式形成的时期。关于"华夏"一词的来源有多种说法，一种观点认为华夏之"夏"即取自中国历史上第一个王朝夏朝，"华"则来自传说中的伏

羲与女娲之母华胥。从传世文献和地下发掘的考古材料来看，"华夏"概念的形成是夏、商、周三代交替取得中原支配权而又相互融合的结果。目前所能见到的"华夏"一词较早用例或为《左传·襄公二十六年》："楚失华夏。"夏原来的活动地域位居河南的中西部和山西的西南部。从考古文化遗存来看，主要以二里头文化为代表。古本《竹书纪年》称夏"用岁四百七十一年"。商部族带领东夷族消灭了夏朝，建立了商朝。商部族的来源，以前有青州、冀州、幽州等几种说法，分别指今山东、河北和东北，而从考古结果来看，似乎是从今河北中部南下，进入河南，取夏而代之。商文化主要是对夏文化的继承和发展。周朝历史，文献记载比较清晰：灭商以前，周人主要活动于今陕西扶风、岐山一带，并且受商文化的影响很深；灭商后，周人迁都至丰、镐。[1] 同时，周人也是夏部族的后裔，他们的父系为姬姓，母系为姜姓，正好是黄帝和炎帝之后。周武王灭商建立了周朝之后，周朝人还自称是"夏"，被分封到关东地区的诸侯国也自称"夏"或者"东夏"，合起来称为"诸夏"。"诸夏"主要位于中原核心地区，"四夷"人群或居住于核心区域的周边地带，或在核心区域内与诸夏人群混居，也受到华夏文化的浸润。尤其是西周时

---

[1] 参见金冲及：《中华民族是怎样形成的》，《红旗文稿》2009年第2期，第24—27页。

期，周天子作为天下共主，以"天命观"将天下各族融合为一个政治共同体，天下各族应当归属于统一的政治秩序的观念，在此时已经形成。

春秋战国时期，是中国历史上一个充满动荡与变革的时代。群雄割据，战乱频繁的政治局势不仅导致了军事上的频繁摩擦，更加剧了人群的广泛流动。在这一过程中，各地的文化、语言和习俗因人口的大量迁移和混合，得以广泛传播和交融，从而客观上促进了不同民族和文化间的融合。春秋后期，随着交流和融合的加深，"华夏"观念正式出现，这一概念标志着对族群和文化共同体认识的深化和拓展。华夏不仅仅是一个地理或血缘概念，它更是一个包括文化、社会、经济和政治在内的全方位共同体。这个共同体的核心在于文化认同，即无论人们的族群如何，只要认同华夏文化，便是华夏的一部分。这一变化标志着从以血缘或地缘为主的社会认同，转向了一种更为开放和包容的文化认同。此外，"诸夏"与"四夷"的概念在这一时期也得到了重新解释。随着文化交流和政治合作的增加，"四夷"中的许多部族开始逐渐融入华夏文化圈，共享华夏的文化和社会价值。这一过程不仅减少了族群之间的隔阂，也促进了一个更加有机统一的社会结构的形成。夏、商、周三代前后相承的结果，逐渐形成一个超越单一部族的族群共同体，称为"华夏"。

先秦时期，中华民族就逐渐形成了以华夏族为凝聚核心、"五方之民"共天下的交融格局。华夏文化随着周分封的诸侯国不断东传，东方南方各族也逐渐形成了华夏认同。例如，春秋时期楚人自称是蛮夷，但是到了战国时期，楚国就已自视为华夏的一部分。春秋战国时期的争霸实质上也在推动着民族大融合。齐鲁统辖的地区，就是"东夷"所在，春秋五霸中最早称霸的为齐；楚、吴、越地区的居民几乎都是"南蛮"；秦的兴起，包容了"西戎"的不少部族，力量逐渐发展为最强；"北狄"的范围很广，主体留在北方，但有一部分进入中原北部，如中山国就是"北狄"之国，而后赵国吞并中山国。赵武灵王"胡服骑射"，正是吸纳"北狄"文化的表现。可以说，正是这样全国规模的民族大融合，为秦汉的统一乃至汉族的形成奠定了基础。当长江流域的蛮夷诸侯的文化与中原华夏文化变得更相似，且有实力卷入中原争霸，华夏或中华的概念就进一步扩大到长江流域。同理，随着更多地区和部族卷入到逐鹿中原的博弈游戏，华夏或中华的概念涵摄的地域和人群范围也不断扩展。[1] 成熟的华夏共同体、"天下一家"的理念和"大一统"的政治秩序追求，共同为秦汉大一统王朝奠定了基础，也为中华民族共同体的形成确立了初始

---

1 参见赵汀阳：《惠此中国：作为一个神性概念的中国》，北京：中信出版社，2016年，第70页。

格局与演化路径。

秦汉时期，开创了中国统一的多民族国家的基本格局。秦汉政府为了有效管理广阔的疆域和众多族群，通过道、属国、西域都护府等形式，将边疆地区族群逐渐纳入更广泛的治理网络中。这一体制不仅是行政管理所需，也是文化融合和政治安定的重要手段，同时也为边疆地区带去中原地区的先进技术和文化，促进了地区间的相互影响和融合。在此过程中，尤其是在边疆政策的实施过程中，中央与边疆的动态关系，表现出了一种灵活与包容的态度，中央政府有效地管理了边疆地区，同时允许一定程度的地方自治，以适应不同地区的特殊需求和条件。在大一统政治背景下，不同地域和族群的交流在秦汉时期变得日益频繁，北方的胡人、南方的百越以及中原的汉人等不同族群通过贸易、婚姻或战争等多种途径进行交流。这种交流不仅使各族群间的文化和社会结构逐渐融合，也促进了基于共同政治和文化认同的"自在"的中华民族的形成。

秦汉之后，虽然经历了多次大一统与多政权分立的交替，但在"华夷一统"发展趋势的推动下，无论哪个民族入主中原，都以统一天下为己任，都以中华文化的正统自居。

魏晋南北朝时期虽然战乱频仍，但各民族交往交流交融不论是广度还是深度都超乎以往。尤其十六国北魏时期是中国历史上民族融合的重要时期，也是多元文化激荡的时期，各民族之间的互动非常频繁，混居杂处、冲突融合得到了充分展示，但最终实现了各民族的大融合、国家的大一统。匈奴、鲜卑、羯、氐、羌就活跃于这一时期，建立了"十六国"。氐人建立的前秦和鲜卑人建立的北魏逐鹿中原胜出，分别统一过黄河流域。这一时期，边疆族群大规模内迁，"内诸夏而外夷狄"的局面被打破。由于民族大迁徙和大杂居，各民族间内在的联系与密不可分的整体性得到加强。而且，这不只是在空间上的简单位移，更是一种深层次的交流融合。"中华化"成为这一时期的历史主流，南北各政权对中华文化的认同、对大一统的追求、对中华正统的竞逐是相同的，各族"中华化"程度不断加深与扩大。至此，汉末以来的民族大融合基本完成，从而为空前强盛的隋唐王朝的建立奠定了基础。

隋唐结束魏晋南北朝长达300多年的战乱，在民族大迁徙和大融合基础上建立了比汉朝疆域更为广大、民族更为众多、文化认同更强的统一格局。通过更加开放和包容的政策，更广阔地区的周边族群被纳入中华大一统共同体中，这不仅增强了这些族群对中央王朝的向心力和认同感，也促进了不同民族间的文化交流与融合。族群交流，特别是北方的游牧族群与中原的农耕族群之间的互动，使农耕与牧业的融合程度加深。这种生产方式的融合，带来了农牧业的互补和经济模式的多样化，从而增强了经济的稳定性，推动了社会的繁荣发展。此时期的文化政策也体现了华夷观念的淡化。"华夷之辨"在中国历史中一度是文化和种族区分标准，但在唐朝，政府采取了更为开放的政策，鼓励各民族平等交往。这不仅缩减了胡汉之间的文化和社会差异，而且通过官方的支持，如改革科举制度，开放给外国人士，进一步加强了不同族群间的融合。大唐王朝不仅以强大自信的姿态将政治、经济和文化成就展示和传播给世界，而且还积极吸纳、借鉴来自周边国家和地区的优秀文化元素。唐朝的政治理念和文化政策，特别是对内外皆秉持的开放包容的态度，不仅加速了文化和族群多元性在大一统框架下的发展，也为后世中国乃至世界文化的交流与发展树立了重要的典范。

经过隋唐时期的整合发展，再到辽、宋、西夏、金时期的多政权分立，文化融合、内向凝聚始终是贯穿其间的历史发展主线，政治上的分裂和对抗，并未瓦解"一个中华"的文化和政治认同。诸政权共续"中国"正统。以共称"中国"，凝聚中华认同；以战与和，共筑"中国"版图；以承中华典制，共承"中国"之制；并共享经济聚合，共融族群文化，共鉴文学艺术，从而呈现出中华文明分区域差异化发展而总体趋于整合的新局面，最终在元、明、清时期，使中华民族重新走向多元一体的"大一统"。[1]

元、明、清三代是中华民族"自在"发展和中国疆域巩固发展并最终定型的重要阶段。蒙古族建立的元朝，在南方部分少数民族聚居的府、州设土官（以少数民族首领充任并世袭的地方行政长官），在中央设宣政院统辖西藏事务，在西藏分设三路宣慰司都元帅府，西藏从此处于中央政府有效行政管理之下，并设澎湖巡检司管理澎湖列岛和台湾。元朝的民族成分包括现今中国绝大多数民族。满族建立的清朝，在西域设伊犁将军并建新疆行省，在西藏设驻藏大臣，确立由中央政府册封达赖、班禅两大活佛的历史定制，在西南一些少数民族地区实行废除土司制度、选派官员统一管理的"改土归流"（少数民族地方行政长官由中央政府委派）政治改革，最终确定了今天中国的版图。[2] 清朝虽然集中了历代大一统的经验，但无法革除历代王朝的弊病，面临着越来越多的内外挑战。清朝晚期，西方列强的侵略加剧了国内的危机，由于官僚系统的僵化、科技与军事力量的落后，以及对外来影响的抵触，清政府未能有效应对西方的殖民主义扩张，导致了国力的衰落和社会的动荡，中国逐渐陷入了内忧外患的

---

1 参见《中华民族共同体概论》编写组编：《中华民族共同体概论》，北京：高等教育出版社，民族出版社，2023 年，第 210 页。
2 参见中华人民共和国国务院新闻办公室：《中国的民族政策与各民族共同繁荣发展》，北京：人民出版社，2009 年，第 5 页。

困境。尤其在鸦片战争和随后的一系列不平等条约中，中国的主权受到严重侵害，国民经济和人民生活备受剥削和压迫，这一时期成为中华民族历史上极为屈辱的一页。

从1840年鸦片战争爆发开始，中华民族面临了前所未有的全面的国家和社会危机。这场危机导致了中国主权的削弱和领土的丧失，也触发了全社会对国家命运和民族身份的深刻反思。在这一背景下，民族主义思潮迅速崛起，成为推动中国社会变革的重要力量。民族主义的兴起唤醒了中华民族的整体意识，中华民族从"自在"走向"自觉"，对民族身份、文化传统以及未来命运有了更明确和自主的追求，开始了对建立符合民族利益的现代国家的探索。在晚清以来的自强和改良运动以及中华民国的探索都未能取得成功的情况下，中国共产党引领中华民族成功摆脱了百年屈辱的历史，实现了民族独立和人民解放。1949年中华人民共和国的成立，完成了民主革命和民族革命的双重使命。在革命和探索过程中，中华民族的整体自觉意识得到了前所未有的强化，民族团结和文化自信得以重建，为国家的未来发展奠定了坚实的基础。中国共产党是推动中华民族走向全面自觉的政治领导力量，带领全国各族人民开辟了建设中华民族共同体的新道路。[1]

---

1 参见《中华民族共同体概论》编写组编：《中华民族共同体概论》，北京：高等教育出版社，民族出版社，2023年，第313页。

统一多民族国家的长期延续，极大地促进了各民族之间的经济、政治和文化交流，增进了各民族对中央政权的向心力和对中华文化的认同感，增强了中华民族的凝聚力、生命力和创造力，促进形成了中华文明的统一性和多样性。汉族与少数民族从事的生业存在着经济互补关系，通过贸易往来，促进了共同发展。少数民族建立的辽、金、西夏、大理等政权，在制度建立、疆土治理方面，明显吸收了中原政权的统治经验，融入了中原文化的很多元素。塞北、西域的音乐和乐器不断传入中原，对中原音乐艺术的丰富和发展产生了重大影响。随着各民族之间交往和融合程度的加深，交错杂居、共生互补的格局逐步形成，相互依存、共同发展的关系日趋稳固。在近代反侵略、反分裂的伟大斗争中，各民族在历史上形成的不可分离的关系变得更加牢固，各民族福祸与共、休戚相关的命运共同体的特征更加凸显，各族人民作为中国历史主人的责任感得到了进一步激发和增强，中国各民族共同的文化和心理特征更趋成熟。[1]

从历史的进程来看，每一次民族交融带来的都是多民族国家的统一；同时每一次统一都不是简单的历史重复，呈现出螺旋上升的状态，都有一些新的族群融合于多民族的国家

---

[1] 参见中华人民共和国国务院新闻办公室：《中国的民族政策与各民族共同繁荣发展》，北京：人民出版社，2009年，第6—7页。

之中，最终凝聚为统一的多民族国家。政治的统一、经济的交往、文化的交流和互相促进，构筑了各民族之间紧密而不可分割的关系。这也是相互依存、互相支持的关系，每个民族的生存和发展都离不开其他民族的贡献和参与。中华民族是中华大地各类人群浸润数千年中华文明，经历长期交往交流交融，在共同缔造统一多民族国家历史进程中形成的、具有中华民族共同体认同的人们共同体。[1]中华民族的形成历程可以类比为一条巨大的河流，自源头流出后，一路汇聚了无数条潺潺流动的民族小溪，形成了一股波涛汹涌的民族大河，永不停息地向前奔流。这种历史进程展示了各民族之间的紧密联系和共同进步，同时也见证了中华文明的丰富多彩，以及不断发展的活力。

二、一体—多元——一体：上古族群基因谱系研究的新论据

分子人类学是人类学的一个新兴分支领域[2]，主要利用分子生物学技术和遗传学方法来研究人类的遗传多样性、人类

---

[1] 参见《中华民族共同体概论》编写组编：《中华民族共同体概论》，北京：高等教育出版社，民族出版社，2023年，第2页。
[2] 2022年诺贝尔生理学或医学奖颁给了分子人类学领域的瑞典古人类基因组学家斯万特·帕博（Svante Pääbo），以表彰他在发现"关于已灭绝人类基因组和人类进化的发现"方面作出的贡献。

群体的演化历史以及人类迁徙的路径和模式。分子人类学通过分析人类的基因组序列、单倍群（haplogroup）、单核苷酸多态性（SNP）等遗传标记，来揭示不同人类群体之间的遗传差异和多样性。这些研究有助于理解不同地理区域和人群之间的遗传结构，以及人类群体的演化历史。分子人类学也关注人类群体之间的迁徙路径和模式，通过分析不同地理区域和人群的遗传数据，可以重建人类群体的迁徙历史，并研究不同人群之间的迁徙关系和混合程度。这些研究对理解人类发展史、族群发展史、文化交流和交融具有重要意义。

复旦大学牵头的科研团队通过采集东亚数十万样本基因组，将分子人类学技术应用于中华民族起源的探索，取得了令人瞩目的成果。李辉根据研究成果指出，东亚族群起源于原始人群的聚合，早期狩猎采集人群并未形成民族，而是大量文化关联疏松地散在部落。冰期结束农业起源以后，散在人群向农业核心聚合，农业的稳定发展促进了人口的大规模增长，从而形成了原始民族群体。以往认为民族的形成主要是不断分化的过程，而通过遗传谱系分析，可以发现中国各个民族之间共享的基因类型非常普遍，这些共享类型的分化时间大多在新石器时代的民族起源期。由此可以证实民族类群主要是聚合形成的，族群之间的交流融合多于分化，中国各民族的形成过程伴随着不断的人口重组。中国各民族之间存在大量共享谱系和同源谱系，远大于域外人群，因此说中华民族有共同的遗传背景。如藏族、蒙古族、维吾尔族都有高频的汉族主体Y染色体O-M134（O-M122下游支系）类型。中国各语系民族都是在较晚历史中分化形成的，在新石器时代早期转型中，没有民族概念的散在采集狩猎人群渐渐聚合成了中华民族的雏形，没有现代式的民族分化和文化差距。后来部分人群迁到了边缘地区，渐渐形成少数民族。而留在中部的主要人群融合成了汉族，这才有了民族的分化。所以李辉团队提出新观点：中华民族是先融合再分化而形成的。[1] 目前考古所见的距今8000年以来的文化遗存，虽分散疆域各地且各有其起源，但从人类族群起源来看却是从共同的祖先分化而来的。

上古族群结构精细研究的基础，在于对中国人群父系Y染色体谱系的精细研究和遗传精准估年方法的建立。利用这一技术，复旦团队在中国人群的大规模分析中，发现了中国人群Y染色体非重组区的近2万个新的SNP位点。用这一系列高质量序列重构了中国人群相关的Y染色体的精细演化树，并重新计算了谱系分化时间。[2] 在Y染色体的谱系中，每

---

[1] 参见李辉：《基因视野中的中华民族共同体上古起源》，《世界科学》2022年第12期，第28—32页。
[2] 演化树模型图参见 Yan Shi, et al., "Y Chromosomes of 40% Chinese Descend from Three Neolithic Super-Grandfathers," *PLoS One*, vol.9, no.8:e105691 (August 2014).

一个节点都是真实的个体，而他们的子孙分支数量差异也体现了其社会等级地位，有大量后代并迅速在群体中扩张的祖先个体必然是群体领袖。中国人群谱系中最早迅速扩张的父系祖先 Y 染色体是 O3-F11，时间大约在 6800 年前。从多样性分布上看，起源于湖南，下游分支主要扩张到山东与河北。这与考古发现中湖南高庙文化 6800 年前建立中国最早的城头山古城，并派生出山东大汶口文化的现象是一致的。第二个扩张的世系是 O3-F46，年代为 6500 年前，是仰韶文化进入巅峰的时期。第三个是 O3-M117，5400 年前，为红山文化进入巅峰的时期。[1] 总的来说，距今 6000 年前后，Y 染色体的 3 大节点出现了迅速扩张，在数代内这 3 大基因类型分别产生上千后代，其直系后裔更是在现代中国人中占比超过 40%，成为中国人的 3 个超级遗传祖先基因类型。在这 3 大节点之后，还有 3 个略小的迅速扩张节点。这 6 个祖先基因类型的直系后代占现代中国 Y 染色体的 70% 以上。[2] 可以说，这些祖先基因类型所代表的上古族群构成了上古的民族共同体。李辉将基因演化树的观测结果与中国上古"三皇五帝"传说及考古文化遗址结合，模拟了中国 8000 年来的族群聚

---

[1] 李辉：《从 Y 染色体谱系推测中华文明初期的族群互动》，2016 年中国人类学学会年会，上海，2016 年，第 108 页。
[2] 参见李辉：《基因视野中的中华民族共同体上古起源》，《世界科学》2022 年第 12 期，第 28—32 页。

第三章 内蕴外彰：中华文明历史进程中"包容性"的体现 | 81

图1 4万年内的人群扩散与8000年内的民族聚合模式图[1]

合模式（见图1）。图1中，O1与O2是中国主要的两种Y染色体单倍群，O2之下有3个主要的扩张节点，以希腊字母α、β、γ命名。5个早期族群的来源自西南顺时针分别对应高庙、仰韶、红山、龙山、良渚等考古文化。

分子人类学的研究结果几乎对我们此前普遍认为的民族认同及民族聚合模式提出了颠覆性的挑战。传统上，民族认

---

[1] 资料来源于李辉：《基因视野中的中华民族共同体上古起源》，《世界科学》2022年第12期，第29页。

同是建立在共同的文化、语言、历史和地域等因素基础上的。然而，分子人类学的研究表明，不同民族之间的遗传差异与相似性并不总是与传统的民族边界完全吻合，某些地区或民族群体内部的遗传多样性可能比跨民族的遗传差异更大，这可能挑战传统民族认同的界定方式。分子人类学的研究表明，人类历史上存在着频繁的迁徙、交流和混合。人类群体之间的迁徙路径和混合模式往往复杂多样，导致了现代人类群体之间的遗传交织和混合的复杂样态。这种历史背景下，传统的民族融合模式可能无法完全解释不同民族之间的遗传关系和文化交流。此前我们多认为中华民族的形成机制是由"多"到"一"的"多元一体"模式，由众多存在差异的民族逐渐融汇为具有文化认同的中华民族共同体。而现在Y染色体基因谱系研究则认为，中华民族是由数万年前共同的祖先分化而来，之后人群在各地迁徙、驻留、繁衍，在各地的自然环境基础上形成了具有差异的区域原始部落文化，之后才进入我们熟悉的族群融合阶段。也就是说"一体"在前——来自共同的祖先，而后分化为多元的族群，之后再次融合为一体的中华民族，从而构成了"一体—多元—一体"的民族聚合模式。

历史已经证明，中华民族交往交流交融，使各民族难分难解，才终于形成多民族共同组成的血脉相连、休戚与共、团结进步的中华民族大家庭，推动形成了中华文明兼容并包的特点，共同开拓了中华文明辽阔的疆域，共同书写了中华文明悠久的历史，共同创造了中华文明灿烂的文化，共同培育了中华文明伟大的精神。新征程上只有不断铸牢中华民族共同体意识，推动中华民族走向包容性更强、凝聚力更大的命运共同体，才能形成共同致力民族复兴的强大力量，成为不断推进和拓展中国式现代化、建设中华民族现代文明的磅礴力量。[1]

第三节　宗教信仰的融摄与共存

各宗教在中国都没有强烈的排他性特征而能够兼容地并立于人们的社会生活中。传统上的儒、释、道三教（儒家并非现代意义上的宗教，此处采用古代的称谓），加之后来传入的伊斯兰教、天主教、基督教[2]，兼有少数其他宗教和多种

---

[1] 参见朱曦林：《深刻认识中华文明的包容性》，《大众日报》2023年8月29日，第6版。
[2] 根据中国的使用习惯，基督教指欧洲宗教改革运动之后所产生的新教，其传入中国后曾有基督教、耶稣教等称呼，1949年以后则用基督教作为其通称。参见卓新平：《中国人的宗教信仰》，北京：中国社会科学出版社，2015年，第186页。

民间信仰，共同构成了中国宗教信仰多元共存的格局。牟钟鉴将中国宗教信仰概括为"政主教从、多元通和"模式，认为主要有以下特色：多神多教并存，而多样性中又有主体性；宗教关系和谐是主旋律；同一人多种宗教信仰混合现象普遍存在；神道依于人道，神权依于政权；外来宗教本土化。[1]可以说较全面地描绘了中国宗教信仰的面貌。

夏商周三代以及之前的"古国"文明阶段，原始信仰和自然崇拜是最早的宗教形式。人们崇拜自然力量、祖先、灵魂、图腾和各种神灵，以求得生产、狩猎、战争等方面的祝福和保护。自然神崇拜包括对天、地、山、水、日、月等自然现象的崇拜，尤其是"天"被视为至高无上的存在，是自然界的主宰和创造者，人们对"天"产生了深厚的敬畏和崇拜之情。颛顼"绝地天通"的宗教改革，则将其转变为由政权管理的官方宗教，从而实现了政权对宗教活动的掌控[2]，为中国古代政教关系呈现出的"政主教从"特征奠定了基调。

儒家对三代以来的上古宗教信仰进行人文化诠释，提出了"圣人以神道设教，而天下服矣"的观点，将宗教信仰融入日常的政治与社会生活中，使之成为推广道德教化和增强

---

[1] 参见牟钟鉴：《中国宗教生态的多元通和模式》，《人民日报海外版》2013年6月14日，第15版。
[2] 参见卓新平：《中国人的宗教信仰》，北京：中国社会科学出版社，2015年，第12页。

社会凝聚力的重要工具。在这种观念的指导下，宗教转化为一种强调伦理道德和社会责任的实践体系。进入秦汉时期后，这种由宗教信仰向礼教的转变更加明显。所谓的"礼教"侧重于通过礼仪规范来教化人民，强调个体在家庭和国家中的角色和责任。儒家通过礼教来规范人际关系、维护社会秩序，强调孝、忠等价值观的重要性。这种礼教实际上并非传统意义上的宗教，它没有固定的组织和神职体系，也缺乏严格的教义教规，更多的是一套关于道德和行为规范的教化体系。

西汉末年，佛教传入中国，东汉末年，道教创立。魏晋南北朝时期，佛教和道教全面发展，与作为传统主流思想的儒家既碰撞、冲突，又融合、互补，逐渐形成儒、释、道三教并立，儒家为主，佛、道为辅的教化格局。隋唐以降，儒、释、道三教即存在同构关系——同一个中华文化结构下，以不同的方式呈现，彼此相互依赖，共融共生。[1] 隋唐时期，儒、释、道三教都具有国家承认的合法地位，取得了空前的发展。在开放包容的时代风气下，儒、释、道三教在发展成熟的同时，三教融通成为被普遍接受的社会思潮，甚至三教兼修成为隋唐时期的社会风气。譬如隋代名儒王通提出"三教可一"，倡导三教取长补短，互相吸收。白居易在《三教论衡》中指出：

---

[1] 参见李天纲：《三教通体：士大夫的宗教态度》，《学术月刊》2015年第5期，第108—129页。

"夫儒门、释教,虽名数则有异同,约义立宗,彼此亦无差别,所谓同出而异名,殊途而同归者也。"唐玄宗更是亲自注释三教代表经典《孝经》《金刚经》《道德经》,体现了三教融通具有国家政策层面的意义。

元明清时期,"三教合一"的文化现象更是成为潮流。当然这并非字面意义上的三者的简单合并,而是指儒、释、道三教相互渗透,相互补充,从而形成的融合共生现象。这种融合共生既体现在思想理论上,也体现在实践、文化传统等方面。当然三教并非绝对平等关系,儒家在三者之中占据主导地位,佛教和道教在伦理道德上支持儒教,在政治上辅佐教化。中国人的社会生活可以说同时受到儒、释、道三教,乃至各种民间宗教的共同影响。儒、释、道三教各有其擅长的领域和独特的功能,并无强烈排他信仰理念的中国人会根据自己的需要去选取和组织自己的信仰组合搭配方案。三教能够做到和谐共存,依托于人们赋予三者在社会体系中的有序的分工和定位,例如一种方案就是所谓"以佛治心,以道治身,以儒治世",三者形成稳定的三角关系,既有职能分工,又能形成合力,最终指向家国天下的目标体系。当然三种功能并非是绝对泾渭分明的,道亦可治心,佛亦可治身,佛、道亦可治世,其他类推可知,可以说三者构成了互融互摄的共存共生关系。

第三章 内蕴外彰：中华文明历史进程中"包容性"的体现

佛教作为外来宗教，之所以能够达到与儒、道并称三教的位置，正是因为经历了漫长的中国化进程，经历了与中国传统文化、生活习俗相适应和结合的过程，发展成为新形态的佛教，演变为中华文化的重要组成部分。佛教中国化也对外来宗教在中国的传播和发展具有典范意义。早期中国佛教信徒在回应本土人士对佛教的质疑时，主要突出佛教与中国本土文化的一致性，而没有过分强调佛教的异质性。例如在思想上，突出佛教与黄老之学清虚无为相通；在修行方法上，与神仙方术呼吸吐纳接近；在救济人民方面，佛教所说的慈悲和孔子所说的仁具有共通之处，佛教救济一切众生的大乘主义和兼济天下的儒家政治思想也存在一致之处。当佛教与中国既有核心价值观冲突的时候，则积极地进行会通性解释，如面对剃发出家违背孝的批评，《牟子理惑论》强调剃发出家是在更高的维度实现对孝道的遵循。[1] "格义"作为转译和解说佛教思想的基本方法，也是佛教思想中国化的重要方式之一。佛教的概念、思想传入中国时面临许多翻译和解释问题，为达到交流目的，需采用中国人能理解的概念，因此很多道家、儒家等本土思想文化的概念被引入佛教经典的翻译中。虽然这种"格义"造成了对教义的理解偏差，但也是文

---

[1] 参见王皓月：《佛教中国化是成功的文化融合》，《学习时报》2014年8月11日，第9版。

化在接触碰撞过程中必然会产生的现象。这种偏差在持续的文化交流中不断被"矫正",同时也不断被"中国化"。佛教中国化的另一个重要表现是形成了众多的中国特色佛教宗派。特别是隋唐时期兴起的天台宗、净土宗、华严宗、禅宗等,都是吸收了中国本土儒、道思想文化所产生的教派。佛教中国化的过程也表现在政教关系的调整方面。东晋名僧道安有感于政局动荡,曾提出"不依国主,则法事难立"的观点,成为后来佛教与中国政治的普遍关系原则。慧远的《沙门不敬王者论》指出,出家者救济、教化众生,具有辅助帝王教化的作用。《魏书·释老志》载北魏僧人法果称道武帝拓跋珪"即是当今如来",文成帝时开凿的昙曜五窟更使皇帝即是如来的思想形象化。后来佛教完全处在皇权之下,宋代以后的僧人包括外来译经僧亦必须对皇帝称"臣"。由此可见,佛教传入中国后,在政教关系上经历了主动归附的中国化过程。[1]为适应中国实际国情,佛教在传入后进行了义理、组织、制度等一系列调整,从而形成了具有中国特色的佛教文化。

在云南大理历史上还存在过"儒释和融"的文化现象。"儒释""释儒"或"师僧"概念,最早出现在《南诏图传》文字卷中,如"遂绘图以上呈,儒释惊讶""因问儒释耆老

---

[1] 参见张风雷:《佛教的中国化及其历史启示》,中央民族大学中国少数民族研究中心"宗教中国化"系列讲座,2021年6月3日。

之辈，通古辨今之流，莫隐知闻"。大理国经幢《造幢记》署"皇都大佛顶寺都知天下四部众洞明儒释慈济大师段进全述"，《兴宝寺德化铭》署"释儒才照僧录阇梨杨才照奉命撰"。这种"儒释""释儒"的称谓、概念，体现了该地区独特的佛教思想与儒学观念的和融现象。"释儒和融"观念也体现于大理国的开科取士制度中。宋时大理国科举制度规定"以僧道读儒书者应举""以僧道通儒书者为制科"。明代的白族宿儒"释儒"李元阳也是"儒释和融"的代表。他是嘉靖年间进士，选翰林院庶吉士，曾在福建主持校刻《十三经注疏》。辞官后归隐故里，遍览儒释道文献，潜心性理之学，推尊佛道之说。其学也表现出融合儒释道但又与理学异趣，即释儒和融的突出特点。[1]

伊斯兰教作为外来宗教，在中国传播和发展的同时，也经历了中国化的进程。宗教的凝聚力量促成了具有共同信仰文化、共同生活方式和共同风俗习惯的新民族的形成。回族在元朝开始形成。随着蒙古对中亚、西亚的攻略，大批信奉伊斯兰教的突厥、波斯、阿拉伯人移居到中国。他们的种族、语言、原籍并不相同，但在伊斯兰教强大的整合作用下形成新的文化共同体。他们散居全国各地，受到汉文化较深的影

---

[1] 参见杨翰卿、叶堃：《简论一种释儒和融的哲学观念》，《中州学刊》2021年第3期，第96—103页。

响，多习汉语，读儒书，仿汉人立姓氏字号，同时仍保持着自己的宗教信仰、风俗习惯，进行兴教建寺的活动。以这些移居人群为主体，再加上进一步交融其他民族居民中的伊斯兰教信徒，最终形成了中国的回族。[1]这种跨民族的融摄可以说是伊斯兰教中国化的重要体现。

明清之际至民国初期，中国还出现了"伊儒会通"的宗教文化现象。王岱舆、刘智、马注、马德新等准确把握伊斯兰文化与儒家文化在世界观、人生观及认识领域的差异与互补，主动促进两种文化互鉴融通，并掀起了"以儒诠经"运动，援用儒家理学的核心概念汉译伊斯兰典籍。他们积极认同儒家主流思想，所建构的本土伊斯兰教的思想体系将"天道五功"与"人道五典"的伦理思想相结合，为伊斯兰文化与儒家文化的沟通架起了桥梁。这些活动将伊斯兰文化与中华传统文化相结合，构建了具有中国特色的伊斯兰教思想体系，也充分体现了中华文明的多元融汇的包容精神。在"伊儒会通"的过程中，人们用东方智慧理解、诠释、表达自己的信仰。东方智慧超越启示与理性、存在与思维、主体与客体之间的二元对立，强调包容、融和、和谐共存；强调天与人、自然与社会、东方与西方的互补关系；倡导中道、理性、宽容；

---

[1] 参见中国历史研究院主编：《中华文明史简明读本》，北京：中国社会科学出版社，2024年，第462页。

鼓励多元、合作、和平；反对分裂、对抗、暴力。[1] "伊儒会通"不仅包含思想方面的会通，也包含习俗、制度、物质层面的会通。例如伊斯兰教的清真寺建筑、穆斯林服饰的中国特色，表现了物质层面的会通；穆斯林的节日习俗、婚丧制度等，表现了习俗制度方面的会通。因此可以说，"伊儒会通"是多领域、多层次的会通，是广义的文化会通、文明会通。[2]

基督宗教[3]作为一种外来宗教，在中国面临着与本土文化的冲突的问题。唐代和元代的两次传播都因历史原因而中止。第三次传播是明末清初以天主教各修会为主的传入，以及后来基督教的传入。这个阶段开始采取徐图缓进的本土化策略，不急于传教，先广泛结交各界，介绍西方器物文明，不断地与儒家、道家、佛家等思想进行交流，试图寻找共同点。传教士在语言、服饰上注意与中国的"一体化"。传教士为了更好地传播，不仅学习了中文，还研究中国的历史、哲学、文学等，尝试从中发现与基督教相符合的内容。例如，耶稣会的利玛窦认为儒家的天理与基督教的自然法相同，儒家信奉的神与基督教的上帝类似。他还将《圣经》片段翻译成中文，并引用了许多儒家经典作为注释。此次传播获得一定

---

[1] 参见杨桂萍：《"伊儒会通"的经验对化解民族宗教冲突有何借鉴意义？》，《中国新闻》2021年11月30日，第8版。
[2] 参见季芳桐：《"伊儒会通"新诠释》，《人民政协报》2023年6月1日，第8版。
[3] 我国所称基督教通常专指新教。为表区别，此处用"基督宗教"一词作为对奉耶稣为救世主的各教派的统称。

接受。但在后来的传播过程中，由于一方面受到中国上层抵制，另一方面在传教士内部又产生了传教策略上的分歧，因而最终以中国禁教、罗马教皇维护教皇权威而告结。第四次传播是鸦片战争前后，基督教、天主教等凭借战后签订的不平等条约大量涌入并获得立足和发展。伴随中西方经济、政治上的冲突，中西方思想文化上的交流和碰撞亦进入一个新的时期。基督教与中国本土文化之间的冲突使得前期中国的基督教传播并不广泛。民国时期，为了在中国推广基督教，基督教人士积极研究使基督教的礼仪本土化，营造出一种表里如一的基督宗教与中国文化相结合的氛围，推行"本色化"运动，取得了较大进展。[1]

中华文明具有强大的包容性和融合力，吸纳、融会贯通不同文化，促进自身的新陈代谢和创新发展。如佛教传入中国后与中华文化深度融合，深刻影响了中国人的哲学观念、文学艺术和礼仪习俗，丰富发展了中华文明。[2] 历史上不断有各种文化和宗教元素融入中华文明，中华文明厚德载物、兼收并蓄，以宽广的胸怀接纳了这些宗教和文化，逐步形成了各宗教信仰多元并存的局面。各类宗教在传入中国之后多能

---

[1] 参见陈焱、何其敏：《试论外来宗教的中国化路向》，《宗教研究》2009年第4期，第14—18页。
[2] 参见孙贝贝：《开放包容是中华文明繁荣发展的活力源泉》，《旗帜》2023年第11期，第83—85页。

适应中国社会，进而本土化，成为中华文化的有机组成部分。各类宗教在中华大地上相互交融、良性互动、共生发展，"和而不同"，形成"多元并存"的和谐格局。

第四节 域外文化的互鉴与共惠

中华文明突出的包容性，从根本上决定了中华文化对世界文明兼收并蓄的开放胸怀。中华文明在形成过程中以及此后的长期发展中，不仅依靠本土内源文化的融通和共生，而且还积极吸收消化域外文化来壮大自身。习近平总书记指出："中华文明是在中国大地上产生的文明，也是同其他文明不断交流互鉴而形成的文明。"[1] 中华文明对待外来文明从来不是以邻为壑而是以邻为友，不是对立对抗而是交流互鉴。中华文明与其他文明相遇、互通，历经数千载，悠久而绵延，为中国也为世界带来了交相辉映的文明之光。

中华文明探源工程的研究结果表明：一方面，中华文明

---

[1] 习近平：《文明交流互鉴是推动人类文明进步和世界和平发展的重要动力》，《求是》2019年第9期，第6页。

是土生土长的，是在自身内源文化传统基础上融合形成的原生文明；另一方面，在其形成过程中，也与域外其他古老文明持续发生交流互动。中华文明自古以农业为本，农桑、制陶与土木建筑等技艺共生，营造了文明起源阶段的东方世界，织就了古代中国与世界互通的纽带。源自西亚的农牧物产与手工技艺辗转东来，融入了东方的农牧业手工业体系，加速了中华文明的发展进程。

距今约1万年，生活在中国北方地区的史前先民开始了粟、黍的栽培。距今8000年，粟作农业取得了一定程度的发展。此后，旱作农业技术逐渐向西、向南传播，距今约4500年，黍向西传播到中亚地区，并继续向西，至迟在3500年前已经传播到了东欧地区。大约与此同时，粟向南传播到了东南亚山地，为其他地区的文明的形成提供了重要基础。

距今约5000年至4500年间，原产于西亚地区的小麦和家畜黄牛、绵羊等经过中亚传入我国西北地区，并继续向中原地区传播。距今4000年前后，家马由欧亚草原传入我国新疆地区。距今3300年左右，家马和马车亦经由欧亚草原地带传入商代晚期首都——安阳殷墟。上述外来文明因素的融入，丰富了中原地区农作物和家畜的种类，在黄河流域逐步形成了粟、黍、稻、麦、大豆构成的五谷农业体系和猪、狗、牛、羊、马的家畜饲养体系。马和马车的传入，丰富了黄河流域人们的交通手段，扩大了人们活动的范围。需要特别指出的是，这一时期，文明间的交流并非单向，而是双向的。在小麦、黄牛、绵羊、冶金术从西亚传入我国境内的同时，原产于我国的粟、黍等物种也向西传播到中亚、西亚地区，融入了当地的自然生态与农牧业生产体系。[1]

多数学者认为中国冶金术来自西亚。至晚在7000年前，西亚地区已出现了利用冶铜术制造的人工铜器。距今4100年左右，两河流域开始普遍使用青铜器。约与小麦和家畜自西亚传入中国同时，铜的冶炼和制作技术也从西亚经由中亚地区，通过河西走廊传入黄河中游地区。冶金术经我国西北地区传入黄河中游地区后，与此前的仰韶和龙山时代已经掌握的高温烧制陶器的技术相结合，经过长期本土化实践和技术创新，发明了青铜容器铸造技术，在尧舜时期制作出第一批青铜器，距今3700年至3500年左右，发展出较成熟的青铜制造业，为夏商周王朝时期辉煌的青铜文明的产生奠定了基础。[2] 冶金技术的引入，虽然并未形成新的生产力[3]，但极大地促进了各地区交流，加速了中国礼乐文化的发展进程。

---

[1] 参见王巍、赵辉：《"中华文明探源工程"及其主要收获》，《中国史研究》2022年第4期，第5—32页。
[2] 参见王巍、赵辉：《"中华文明探源工程"及其主要收获》，《中国史研究》2022年第4期，第5—32页；张弛：《龙山—二里头——中国史前文化格局的改变与青铜时代全球化的形成》，《文物》2017年第6期，第50—59页。
[3] 参见中国历史研究院主编：《中华文明史简明读本》，北京：中国社会科学出版社，2024年，第44页。

礼乐文化是中华文明的特质性要素，以礼代表秩序，以乐代表和谐，是中华文明成熟的重要标志，更是区别于其他古代文明的特质。商周时期，以玉与青铜器为代表的礼器，作为人与天地、祖先，以及人与人之间进行沟通的载体，构成了极具中华文明特色的物质文化体系。古代中国使用铜、青铜以及进入青铜时代的时间稍晚于其他古典文明，但中国很快就发明了铜锡二元合金和铜锡铅三元合金，形成了一整套从冶炼、熔炼到铸造的独特技术，并走到了世界各国的前列。[1]

中国青铜器、铁器及金银器制造业的产生，有着本土发源的基础，同时又受到西亚的影响。青铜礼器、兵器和金银器呈现出的浓郁的西亚艺术元素，留下了中国与西亚文化交流的印记。商代至西周时期，北方青铜器逐渐形成自己的特色，有銎兵器，兽首、铃首或菌首造型的刀、剑等器物，都与草原、西亚地区有着文化渊源。铜镜兼有日用、祭祀与冥器功能，且易于携带，是古代亚洲不同文明之间常见的互换物品。西亚与中国都有生产铜镜的悠久传统，西亚产铜镜属于有柄镜，中国铜镜为具钮镜。大约战国时期，中国铜镜开始西传。两汉时期，各类汉镜广布中亚，远及西亚，最远到达黑海东岸。所到之处，当地多有仿制。例如，中亚地区出

---

[1] 参见武斌：《天下中国：世界文明交流互鉴的中国范式》，广州：广东人民出版社，2023年，第26页。

土了多款样式的仿制汉镜。隋唐时期，中国铜镜广纳萨珊、粟特文化元素，团花铭文镜、葡萄瑞兽镜、菱形宝相花镜、打马球人物镜等新样式逐渐增多。[1]

中国目前考古发现的最早的金银器的断代时期约相当于夏代。夏商西周时期金银器的发现相对较少，且类型主要以装饰品为主，尚未发现金银器皿，这一时期的金银器按照用途可分为人身装饰、器物装饰和祭祀用品三大类。东周时期，金银器数量和种类大大增加，形制和用途趋向多样化，鎏金银器和错金银器大量涌现，金银器的工艺和技术有了长足的发展。秦汉时期，达到了中国金银器发展史上的第一个高峰[2]，汉代开始还进入了中西金银器物和技术交流交融的时期。汉代时期，输入中国的金银器主要有凸瓣纹银器与水波纹银器，这种锤揲技法源自古波斯阿契美尼德王朝，广州西汉南越王墓出土的凸瓣纹银盒、山东淄博西汉齐王墓随葬坑银盒，都是西亚波斯流行的装饰手法。[3] 西亚金银制品来华后不久，本土化仿制便开始了。公元 5 至 8 世纪，中国上层阶级流行使用金银器，应是受到中亚、西亚影响，目前学术界将

---

[1] 参考"历史之遇——中国与西亚古代文明交流展"展览说明文字，故宫博物院，2024 年 1 月 12 日—4 月 11 日。
[2] 参见江楠：《中国早期金银器的考古学研究》，吉林大学考古学与博物馆学博士学位论文，2015 年，第 23、55、187 页。
[3] 葛承雍：《绵亘万里长：交流卷》，北京：生活·读书·新知三联书店，2019 年，第 59 页。

输入来源分为三个系统，即粟特系统、萨珊系统和罗马—拜占庭系统。粟特系统的金银器以内蒙古自治区敖汉旗李家营子出土的银带把壶、带把杯、盘、长杯，河北宽城出土的银壶，西安沙坡村、西安西郊、广东遂溪等地出土的银碗为代表。西安沙坡村出土的银碗还有粟特文铭文。[1] 山西大同北魏正始元年（504）封和突墓出土的波斯银盘，大同北魏城址出土的银多曲长杯、银碗，大同北魏墓葬出土的银碗，都是典型的萨珊式波斯银器。[2] 罗马—拜占庭系统金银器主要以无把高足杯为代表。隋唐时期，萨珊波斯特有的多曲长杯、高足杯、动物柄壶等器物，经唐代工匠不断重塑与技艺创新，发展出新的长杯、胡瓶、花瓣口器等金银器类型，并被陶瓷、玉器等各行工匠加以仿制与改良。[3] 唐代是中国金银器皿迅猛发展的时代，这与当时吸收外来文化有密切关系，西方的锤揲技术、半浮雕嵌贴技术等，都对中国工匠具有启发作用，出土的不仅有外国的输入品，还有中土仿制和改良品，中西交融

---

1 参见张国刚：《中西文化关系通史》，北京：北京大学出版社，2019年，第220—221页。
2 参见夏鼐：《北魏封和突墓出土萨珊银盘考》，《文物》1983年第8期，第5—7页；马雍：《北魏封和突墓及其出土的波斯银盘》，《文物》1983年第8期，第8—12页；齐东方：《唐代金银器研究》，北京：中国社会科学出版社，1999年，第255—258页。
3 参考"历史之遇——中国与西亚古代文明交流展"展览说明文字，故宫博物院，2024年1月12日—4月11日。

第三章　内蕴外彰：中华文明历史进程中"包容性"的体现

的特征非常明显。[1]

除了器物外，域外的动植物也源源不断地流入中国。新疆维吾尔自治区鄯善县的洋海墓葬发现了年代约在西周时期的葡萄藤，苏贝希墓地发现了战国时期的葡萄籽。可以推知，先秦时期，葡萄已自西亚传至我国新疆地区。[2]根据张国刚的整理，汉代至明中叶，中国自域外引进的植物可分为食用、药用、其他三类，其中：食物类有胡椒、生姜、葡萄、胡菜、甘蔗、茄子、石榴、胡桃、胡豆（豌豆）、胡麻（芝麻）、胡蒜、扁豆、胡荽、胡瓜、混提葱、甘蓝、莳萝、菠菜、甜菜、莴苣属某品种、胡芹、金桃和银桃、椰枣、巴旦杏、无花果、西瓜、南瓜、胡萝卜、胡豆（蚕豆）；药用类有白芥、胡葱、仙茅、蓖麻、胡芦巴、白豆蔻、肉豆蔻、押不芦、补骨脂、胡黄连、缩砂蔤、番木鳖；其他类有苜蓿、酒杯藤、红蓝、茉莉、菩提树、娑罗树、郁金香、水仙、莲花、青睡莲、棉花、芦荟、指甲花、胡麻（亚麻）。域外引进的动物除了此前提及的几种，西汉以来，产自西方的良种马匹被不断地引入，其他一些异域物种也纷纷在中国落户，如骆驼、驴、犬等。此外还有一些作为珍稀物品短期饲养以供观赏的动物，

---
1 葛承雍：《绵亘万里长：交流卷》，北京：生活·读书·新知三联书店，2019年，第60页。
2 吕庆峰、张波：《先秦时期中国本土葡萄与葡萄酒历史积淀》，《西北农林科技大学学报》（社会科学版）2013年第3期，第159页。

如大象、狮子、犀牛、豹、猫鼬等。[1]

中国是世界上最早生产并使用丝织品的国家。河南荥阳青台村仰韶文化遗址发现了距今5000多年的丝织物，浙江湖州钱山漾良渚文化遗址发现了距今4000多年的丝织物。[2] 20世纪40年代，在俄罗斯戈尔诺阿尔泰地区巴泽雷克墓地发现的战国凤纹刺绣，说明早在秦汉之前，丝绸已传至外国。在叙利亚帕尔米拉古城墓葬和克里米亚半岛刻赤古墓均出土了汉绮。欧洲哈尔斯塔特文化（公元前6世纪）凯尔特人的墓葬中也已发现中国丝绸。[3] 由此可见，早在西汉之前，中国丝绸已经西传。

随着西汉张骞通西域和海上丝绸之路的开拓，东西方文明交流进入了新纪元，陆上和海上丝绸之路成为连接中国与世界的重要通道。陆海丝绸之路也是文明互鉴互惠之路。虽然称之为丝绸之路，但事实上，不论是丝绸、玉器、宝石、香料、药材、陶瓷、珍禽、异兽等物质层面的物品；还是佛教、琐罗亚斯德教（祆教）、景教、摩尼教、伊斯兰教、儒家思想、道教、占星术等思想层面的结晶，都是通过这条东西交往的

---

[1] 参见张国刚：《中西文化关系通史》，北京：北京大学出版社，2019年，第211—218页。
[2] 参见张国刚：《中西文化关系通史》，北京：北京大学出版社，2019年，第157页。
[3] 参见葛承雍：《绵亘万里长：交流卷》，北京：生活·读书·新知三联书店，2019年，第30、55页；林梅村：《丝绸之路考古十五讲》，北京：北京大学出版社，2006年，第8—10页。

道路双向交流的。[1] 汉朝时，沿着陆上丝绸之路传入西方的商品有蚕丝、丝织品、漆器、铁器等，铸铁和凿井技术也在这时西传。在中国丝绸西传的同时，西方出产的毛皮和毛织品（毛毡和毛布）以及特色织物火浣布、水羊毳也纷纷输入中国。[2] 当时人们还通过海上丝绸之路与东南亚诸国乃至罗马联通，带去黄金和各种丝织品，采购明珠、宝石、奇珍异物等。例如东汉桓帝时期，大秦王安敦遣使自日南徼外献象牙、犀角、玳瑁等，即是通过海上丝绸之路。

使者、留学生、商人、宗教僧侣等人群成为文明交流互鉴的重要媒介。来往使者沿着丝绸之路去往周边各国，接触到各地区的文明，增进了不同地区人群间的了解。唐朝时，许多外蕃之人在唐求学。如唐太宗贞观年间四方学者云集京师，高丽及百济、新罗、高昌、吐蕃等诸国酋长，也派遣子弟进入国学学习。日本则派出大量留学生全面学习唐朝制度及文化，甚至很多留学生长期居留长安。以粟特人为主的各国商人在丝绸之路上往来贸易，来自中国的商人也曾远达西域。长安城设有东、西两市，来自粟特、波斯等国的商人聚居在西市营业。随着海上丝绸之路的勃兴，广州成为海上贸易的重要枢纽，各地珍奇异货汇聚于此。唐代泉州、明州等

---

1 荣新江：《丝绸之路与东西文化交流》，北京：北京大学出版社，2022年，第3页。
2 参见张国刚：《中西文化关系通史》，北京：北京大学出版社，2019年，第218—220页。

南方贸易港口相继崛起，成为中外物质文明交流的重要据点。宗教僧侣沿着丝绸之路往返布教传法，促进了各地区间宗教文化的交流，同时也记录了他们所见闻的各地文明状况，成为重要的史料。在魏晋南北朝以来各民族不断交融以及外来文明沿丝绸之路大量输入的背景下，胡风渗透到唐代社会的各个阶层及日常生活的各个方面，形成了崇尚胡风的社会风潮。唐人喜好胡服胡妆，饮食、绘画、音乐、舞蹈等各方面都盛行胡风，这些域外文化元素融入唐人的日常生活，最终凝聚成为中华文明的组成部分。中国由于自身的文化特点，并没有在本土发展出类似西方的一神论宗教，国家和社会对宗教信仰持宽容态度，百姓可以相对自由地选择宗教信仰。隋唐时期随着丝绸之路的日趋繁荣，促进了景教、祆教、摩尼教等众多外来宗教在中国的传播，造就了唐代多种宗教并行发展的局面。[1]

玻璃制品及制作技术的传播也是东西方文化交流互鉴的见证。世界上最早的"原始玻璃"——费昂斯（faience）出现在公元前 4000 年左右的西亚、埃及地区，最早的成熟玻璃出现在公元前 2000 年左右的西亚、埃及地区，公元前 1500 年左右，这些地区开始了规模化的玻璃生产，西亚、埃

---

[1] 参见中国历史研究院主编：《中华文明史简明读本》，北京：中国社会科学出版社，2024 年，第 273—274、360—365 页。

及地区成为世界早期玻璃技术起源和制造中心。埃及与西亚地区的玻璃属钠钙玻璃制品，最初主要用于生产珠饰。自青铜时代开始，玻璃制品及玻璃制作技术，由上述地区向周边传播，经由西亚、中亚以及我国新疆地区、河西走廊，继而进入中原地区。中国境内目前所知的最早的费昂斯制品至迟出现于公元前1500年左右的新疆地区，学界又称其为"料器""釉砂"或"玻砂"。当前的研究成果已基本明晰新疆青铜时代中期费昂斯的源头在北高加索，可能经北方草原传入天山廊道，继而进入中原地区。新疆地区早期铁器时代墓葬出土的成熟玻璃制品，据其成分可分为钠钙玻璃、钾玻璃、铅钡玻璃三类。研究者普遍认为，钾玻璃可能从印度传入。铅钡玻璃则是自中原传入，反映了该时期中原地区对于新疆地区的重要影响。[1]

先秦时期，中国先民已掌握烧制成熟玻璃的技术。春秋时期，黄河和长江中下游地区已经出现真正意义上的玻璃制品。玻璃制品被应用于礼器的装饰与仿制，例如吴王剑和越王剑的剑格上镶嵌的玻璃饰物、湖北江陵望山楚墓中出土的

---

[1] 参见刘念、崔剑锋、姜晓晨阳：《新疆古代玻璃的发现与科技研究》，《西域研究》2023年第4期，第113—121页。

单色玻璃珠等。[1] 干福熹等人指出，早期中国钾钙硅酸盐玻璃与原始瓷的瓷釉，以及中国早期的铅钡硅酸盐玻璃与早期低温釉陶间存在一定关系，中国古代玻璃及其制造技术系"自创"。[2] 至战国中晚期，中原地区已能够制造外观与西亚制品相似，原料以本土矿物为主的铅钡玻璃，例如各类蜻蜓眼玻璃珠即具有代表性的产品。汉唐以降，自西亚输入的玻璃器琳琅满目，其工艺为中国本土玻璃制品增添了多彩的异域风貌。汉代以后，罗马帝国与萨珊波斯王朝的玻璃器皿经丝绸之路不断来华，南方沿海地区同时流行可能受外来影响的钾玻璃制品。中国本土除生产铅钡玻璃外，新出现高铅玻璃。本土玻璃制品多仿玉器，用于礼仪或陪葬。魏晋南北朝时期，自西亚传入的玻璃制品多在北魏平城和南朝建康汇聚。约在北魏时期，中国的工匠已初步掌握经西亚而来的玻璃吹制工艺。隋唐时期，来自阿拉伯帝国的伊斯兰玻璃制品在长安、洛阳两京及扬州、广州等重要港口城市多有出土。这一时期，中国本土铅钡玻璃工艺体系，逐渐转变为高铅玻璃与钠钙玻璃并存。本土玻璃制品普遍呈现"西方技术、东方形式"，

---

[1] 参见干福熹：《中国古代玻璃和古代丝绸之路——2004年乌鲁木齐北方古玻璃研讨会主题报告》，干福熹主编：《丝绸之路上的古代玻璃研究——2004年乌鲁木齐中国北方古玻璃研讨会和2005年上海国际玻璃考古研讨会论文集》，上海：复旦大学出版社，2007年，第3页。

[2] 参见何强：《干福熹等〈中国古代玻璃技术发展史〉评介》，《中国科技史杂志》2017年第3期，第372页。

具有中国传统器型、纹样与功能的玻璃器成为主流。受佛教流行的影响，带有佛教文化特色的玻璃制品不断涌现。辽宋时期，西亚伊斯兰玻璃制品在中国流布更广，重要城址、贵族墓葬及佛塔基址中多有出土。[1]

香料是中国传统的输入物品，其来源主要是西亚、红海、波斯湾和东南亚地区。波斯湾沿岸的乳香，索马里的没药、芦荟，北非的迷迭香，东非的紫檀，伊朗的安息香，印度的胡椒和生姜，自西汉起已陆续进入中国。宋元时期，中国继续从东南亚、南亚和西亚大量进口各种香料，除用于医药领域外，主要是为了满足宋代以来对香料的时尚性消费。[2]

中国医学除了自身的悠久传统之外，也不断地吸收外来成果，汉唐时期就曾吸收印度、波斯、阿拉伯等地的医学知识。特别是印度，古代印度医学发达，随着佛教入华和中印双方僧人的频繁往来，印度医学也传入中国，并对中国医学产生了很大影响。阿拉伯医药在元代获得大发展，元朝政府奉行中医与阿拉伯医学并重的政策，专门设置了掌管阿拉伯医药的机构——西域医药司（后更名广惠司）。大量原产西亚、南亚等地的药物也陆续进入中国，并逐渐得到人们的认

---

[1] 参考"历史之遇——中国与西亚古代文明交流展"展览说明文字，故宫博物院，2024年1月12日—4月11日。
[2] 参见张国刚：《中西文化关系通史》，北京：北京大学出版社，2019年，第226—227页。

同，如珊瑚、琥珀、矾石、胡黄连、阿魏等。这些来自西方的医学成果传入中国后，逐渐融入中国传统医学之中，成为其重要组成部分。[1]

中国瓷器的发明，深刻地影响了整个世界。早在汉代，中国瓷器就通过陆上和海上丝绸之路运销东南亚、印度次大陆和西亚等地区，当时的外销产品主要是青瓷。唐宋以降，随着造船技术的进步、航海事业的快速发展，销售范围逐渐扩大，唐代东西洋航路所及之处，如日本、印度、波斯湾、埃及等地都发现了唐代的陶瓷碎片。宋元时期，随着对外贸易的开展，大量的中国瓷器被输出到东南亚、南亚、西亚与非洲东海岸等地区。[2] 元代青花瓷的创烧，是中国先进陶瓷工艺与西亚颜料及审美风格的完美融合。中国青花瓷起源于唐代，元代时得到复兴，并在明清时期达到鼎盛，享誉世界。隋唐时期，受到域外需求的推动，河南巩义的窑场一度将中国的白瓷烧制技术与西亚的白釉蓝彩陶艺结合，短期生产过唐青花瓷。到了元代，青花瓷的制作工艺得到复兴，此时的元青花瓷结合了中国成熟的釉下彩技术和纹样，同时采用了西亚的钴蓝颜料和艺术元素。元青花瓷一经产生，便大量输出至东南亚、南亚、西亚甚至非洲，其在宗教和礼仪活动中

---

[1] 参见张国刚：《中西文化关系通史》，北京：北京大学出版社，2019年，第228—233页。

[2] 参见江建新主编：《瓷器改变世界》，成都：四川人民出版社，2022年，第2页。

的特殊用途可能是其流行的原因之一。明朝初期的青花瓷制作受到伊斯兰文化的显著影响。自明宣德朝起,中国传统文化元素开始主导青花瓷的纹饰。明代晚期,随着新航路的开通,中国青花瓷迅速晋升为世界市场上的珍贵艺术品,开启了世界范围内对青花瓷学习和仿造的热潮,中国青花瓷在世界陶瓷文化史上留下了深远的影响。[1]

中外文明的交流交往,不仅为双方带来了丰富多样的物产和文化,也对人们的日常生活习惯产生了深远的影响。在汉代以前,中国人普遍习惯于席地而坐,坐具以席和榻为主,因此家具通常为低矮案几。相较而言,西亚地区则有高型家具的使用传统,这种高型家具随着丝绸之路逐渐传入中国。南北朝以后,高型家具逐渐增多。唐代时,高型家具日趋流行。考古发现与研究表明,高型家具真正进入中原、南方地区的寻常百姓家,是在北宋时期。随着高型家具的普及,垂足坐的起居习惯基本确立。

全球文明间的交流与互鉴不仅是推动人类文明整体发展的重要动力,也是中华文明绵延长久的活力来源之一。通过对周边以及更远地区先进文化的不断吸收与借鉴,并整合这些文化要素,进行本土化创新加以新生,使中华文明不断焕

---

[1] 参考"历史之遇——中国与西亚古代文明交流展"展览说明文字,故宫博物院,2024 年 1 月 12 日—4 月 11 日。

发新的活力。历经数千年，中华文明通过与其他众多文明的相遇和相知，相互学习与相互借鉴，共同编织了一幅丰富多彩的人类文明发展图景。中华文明之所以能成为世界文明史上的一颗璀璨明珠，很大程度上归功于其出色的包容性和创新性。不仅能容纳外来的优秀文化成分，还能在此基础上进行改良和创新，形成具有中国特色的文化成果。在当今全球化快速发展的背景下，中国更是积极推动不同文明包容共存、交流互鉴，致力于构建人类命运共同体。通过文明对话与合作，中华文明不仅为自己注入了新的生机，也为世界文明的进步与发展贡献了力量。世界因互惠共享而欣欣向荣，文明因交流互鉴而永葆生机。

第四章
时代新象：中华人民共和国成立以来内政外交中"包容性"的体现

中华文明突出的包容性厚植于中华优秀文化传统之中，蕴藏于中华文明的文化基因之中，也体现于中国历史的全过程中。中华人民共和国成立以来，我国提出的民族区域自治、宗教信仰自由、和平共处五项原则、改革开放政策，以及新时代以来构建人类命运共同体理念的提出与实践等内政外交举措深刻地体现了突出的包容性在中华文脉中的延续。

第一节　中华人民共和国成立至党的十八大期间内政外交中"包容性"的体现

一、民族区域自治

根据《中华人民共和国宪法》和相关法律法规，民族区域自治是在国家统一领导下，各少数民族聚居的地方实行区域自治，设立自治机关，行使自治权。民族区域自治制度的实施，不仅巩固和发展了平等团结互助和谐的社会主义民族关系，还促进了民族自治地方的改革、发展和稳定，维护了国家的统一。

民族区域自治制度是我国的一项基本政治制度，是中国特色解决民族问题的正确道路的重要内容和制度保障。这一制度符合我国国情，在维护祖国统一、领土完整，在加强民族平等团结、促进民族地区发展、增强中华民族凝聚力等方面都起到了重要作用。民族区域自治是党的民族政策的源头，我们的民族政策都是由此而来、依此而存。民族区域自治不是某个民族独享的自治，民族自治地方更不是某个民族独有的地方，要坚持统一和自治相结合、民族因素和区域因素相结合。落实民族区域自治制度，关键是帮助自治地方发展经济、改善民生。

民族区域自治制度，自我党建立后即进行了长期探索。早在民主革命时期，党就曾在革命根据地建立过少数民族自治政府。例如，1936年10月，红军西征到达回民聚居的豫海县西部和海原县东部地区（今属宁夏回族自治区同心县和海原县）时，曾建立过豫海县回民自治政府，这是少数民族建立革命自治政府最早的一次尝试。1941年5月，陕甘宁边区政府颁布了《陕甘宁边区施政纲领》，其中第十七条规定："依据民族平等原则，实行蒙回民族与汉族在政治经济文化上的平等权利，建立蒙回民族的自治区，尊重蒙回民族的宗教信仰与风俗习惯。"1947年5月，在党领导下，蒙古族人民与其他各族人民一起，在内蒙古地区建立了中国第一个省级少数民族自治地方——内蒙古自治区，标志着党的民族区域自治政策开始正式实施。[1]

1949年9月，具有临时宪法性质的《中国人民政治协商会议共同纲领》，明确把实行民族区域自治作为解决民族问题的基本政策，提出"各少数民族聚居的地区，应实行民族

---

[1] 参见马启智：《我国的民族政策及其法制保障》，《中国人大》2012年第1期，第42页。

区域自治"。从根本上保证了各少数民族当家作主和自主管理本民族内部事务的权利。这一政策的提出，是基于中国作为一个统一的多民族国家的国情，旨在通过民族区域自治来解决长期以来困扰中国的民族问题，促进各民族的平等、团结和发展。随着时间的推移，民族区域自治制度又进行了不断完善。1954年召开的第一届全国人民代表大会，将民族区域自治制度载入《中华人民共和国宪法》，使之成为国家的一项基本政治制度；2001年修改颁布的《中华人民共和国民族区域自治法》明确规定民族区域自治制度是国家的一项基本政治制度；进一步强化了民族区域自治政策的法律地位，为各民族地区的自主管理和发展提供了更加坚实的法律保障。

民族平等是民族区域自治政策的基石，包括三层含义：一是各民族不论人口多少，历史长短，居住地域大小，经济发展程度如何，语言文字、宗教信仰和风俗习惯是否相同，政治地位一律平等；二是各民族不仅在政治、法律上平等，而且在经济、文化、社会生活等所有领域平等；三是各民族公民在法律面前一律平等,享有相同的权利,承担相同的义务。[1]民族区域自治政策的根本原则是民族团结，我们的民族团结，

---

[1] 参见中华人民共和国国务院新闻办公室：《中国的民族政策与各民族共同繁荣发展》，北京：人民出版社，2009年，第8页。

既包括汉族和少数民族之间的团结，也包括各少数民族之间的团结，以及同一少数民族内部成员之间的团结，以团结包容的精神凝聚最广大的人民群众。

民族区域自治制度有助于民族自治地方根据自身特点制定适合自己的经济发展策略，从而加快经济和社会的发展。民族区域自治还关注少数民族文化的保护和发展。由于历史和地理的原因，少数民族地区在文化发展等方面起步较晚，面临特殊困难。国家通过实施相关法律规定，进一步繁荣发展少数民族文化事业，为少数民族文化的传承和发展提供了支持。不仅有助于保护少数民族的文化遗产，也有助于增强少数民族群众对中华文化的认同感，增强中华民族的凝聚力，进一步促进各民族文化的交流与融合。民族区域自治制度的实施还有助于维护边疆少数民族地区的社会稳定，促进社会和谐。通过解决社会发展及社会功能中存在的问题，推动民族地区的跨越式发展。

民族区域自治制度的实施，正是基于中华文明的包容性文化传统。通过这一制度，国家在尊重少数民族风俗习惯、宗教信仰的同时，保障了少数民族在政治、经济、文化等方面的权益，促进了各民族之间的平等交往和共同发展。

二、宗教信仰自由

中华人民共和国实行宗教信仰自由政策，保障公民宗教信仰自由权利。1949年中国人民政治协商会议第一届全体会议通过的《中国人民政治协商会议共同纲领》第五条规定中华人民共和国人民有宗教信仰的自由权。《中华人民共和国宪法》第三十六条规定："中华人民共和国公民有宗教信仰自由。任何国家机关、社会团体和个人不得强制公民信仰宗教或者不信仰宗教，不得歧视信仰宗教的公民和不信仰宗教的公民。国家保护正常的宗教活动。任何人不得利用宗教进行破坏社会秩序、损害公民身体健康、妨碍国家教育制度的活动。宗教团体和宗教事务不受外国势力的支配。"这些规定体现了中国政府对宗教信仰自由的尊重和支持。

中国实行宗教信仰自由政策的同时，还强调了宗教与社会主义社会相适应的重要性，积极引导宗教与社会主义核心价值观相融合。积极引导宗教与社会主义社会相适应，必须坚持我国宗教中国化方向。宗教与所在社会相适应是宗教生存发展的趋势和规律，无论本土宗教还是外来宗教，都要不断适应我国社会发展进步，充实时代内涵，促进宗教和顺、社会和谐、民族和睦。只有与社会主义社会相适应、实现了中国化的宗教，才能有利于我国社会稳定、有利于人民生活改善，才能在推动我国社会发展中发挥积极作用。

在我国，信教群众的正常宗教活动都受法律保护。国家还帮助宗教团体建立宗教院校，培养宗教教职人员。例如中国伊斯兰教协会从 1955 年起就经国家批准专门创办了全国性伊斯兰教高等院校——中国伊斯兰教经学院；中国佛教协会也创办有中国佛学院、中国藏语系高级佛学院；各省市区也建有相应的经学院、佛学院、神学院。[1]

中国的宗教信仰自由政策是在综合考虑历史、文化、政治和社会因素的基础上制定的。在中国的历史上，宗教信仰呈现出显著的多元性和包容性，这与中国传统文化中儒、释、道三教的互相融合密切相关。例如，道教的思想与佛教的思想有共通之处，而儒家的伦理道德也常常为道教和佛教所吸收。这种互动不仅丰富了中国的文化传统，也使得中国社会对不同宗教信仰持开放和接纳的态度。儒家思想对于宗教团体的存在和运作持较为宽容的态度，认为宗教可以为社会提供道德指导，从而为各宗教多元共存提供了有利的思想环境。基于这样的文化和哲学背景，中国的宗教信仰自由政策在制定时，既考虑到了维护国家安全和社会稳定的需要，也反映了对宗教信仰的尊重。政策中不仅明确了宗教信仰自由的原

---

[1] 参见马启智：《我国的民族政策及其法制保障》，《中国人大》2012 年第 1 期，第 44 页。

则,也规定了宗教活动不得损害国家利益、社会公共利益和公民合法权益。这一方针确保了宗教活动的健康发展,同时防止宗教被滥用于非法目的。

三、和平共处五项原则

1953年12月,周恩来总理在北京接见印度谈判代表团时,首次系统地提出了和平共处五项原则。1954年4月,中印双方签署协定的序言中把和平共处五项原则确定为指导两国关系的准则。1954年6月,在日内瓦会议休会期间,周恩来总理应邀访问印度和缅甸,在同两国签署发表的联合声明中都写入了和平共处五项原则。和平共处五项原则是在日内瓦会议关于印度支那问题的谈判进入关键阶段时公之于世的,因而格外引人注目,并迅即引起重大国际反响。日内瓦会议后,毛泽东主席在会见来访的英国、印度、缅甸等国领导人时也多次谈到和平共处五项原则,还说和平共处五项原则应推广到所有国家关系中去。[1]

和平共处五项原则的内容是:互相尊重主权和领土完整、互不侵犯、互不干涉内政、平等互利、和平共处。这五项原则结成一个有机体,言简意赅地概括出新型国家关系的总体

---

1 参见《中国倡导和平共处五项原则》,《光明日报》2014年10月2日,第2版。

特征。和平共处五项原则奠定了中国对外国际关系的基础，主张国家之间在相互尊重、平等互利的基础上和平共处。中国在国际事务中主张多边主义，支持建立公正合理的国际秩序，维护发展中国家的合法权益。和平共处五项原则的理论精髓，在于它坚定捍卫国家主权的完全平等，以及内在表达了不同社会制度的国家可以实现和平共处与友好合作。

在1955年4月于印尼万隆召开的亚非会议上，周恩来总理明确提出"求同存异"的方针，提出愿意基于和平共处五项原则同各国开展团结合作。亚非会议发表了著名的《关于促进世界和平与合作的宣言》，提出10项处理国际关系的原则，实际上是对和平共处五项原则的引申和发展。中国的真诚态度有力维系了亚非会议的团结，推动会议达成了以"团结、友谊、合作"为核心的万隆精神，同时中国也赢得了亚非国家的广泛理解和支持，新中国的外交舞台开始拓展到更广阔的世界。

和平共处五项原则表达了中国的外交主张，成为中国独立自主和平外交政策的基石。中国坚持从中国人民和世界人民的根本利益出发，根据事情本身的是非曲直决定自己的政策立场，旗帜鲜明地反对霸权主义和强权政治，不干涉别国内政，不搞强加于人，也决不允许他人对中国的内政指手画脚。同时，中国外交以维护世界和平为重要追求，坚定不移地走和平发展道路，坚定不移地做世界和平的建设者、全球发展的贡献者、国际秩序的维护者，国际公共产品的提供者，推动世界各国在相互尊重的基础上实现互利共赢和共同发展。[1]

和平共处五项原则中包含 4 个"互"字、1 个"共"字，既代表了亚洲国家对国际关系的新期待，也体现了各国权利、义务、责任相统一的国际法治精神。和平共处五项原则，作为一个开放包容的国际法原则，集中体现了主权、正义、民主、法治的价值观。无论是协调自他关系的"互"字，还是平衡同异关系的"共"字，可以说都是中华文明突出的包容性的鲜明体现。新形势下，和平共处五项原则的精神不是过时了，而是历久弥新；和平共处五项原则的意义不是淡化了，而是历久弥深；和平共处五项原则的作用不是削弱了，而是历久弥坚。弘扬和平共处五项原则，就要坚持主权平等。坚持平等才能在尊重和包容差异的基础上展开国际交往。弘扬和平共处五项原则，就要坚持共同安全。安全应该是普遍的，我们要倡导共同、综合、合作、可持续安全的理念，尊重和保障每一个国家的安全。弘扬和平共处五项原则，就要坚持共同发展。世界足够大，容得下各国共同发展繁荣。一些国家越来越富裕，另一些国家长期贫穷落后，这样的局面是不

---

[1] 参见罗建波：《和平共处五项原则的提出及其历史意义》，《学习时报》2022年7月8日，第7版。

可持续的，大家发展才能发展大家。各国在谋求自身发展时，应该积极促进其他国家共同发展，让发展成果更多更好惠及各国人民。弘扬和平共处五项原则，就要坚持合作共赢。"合则强，孤则弱。"合作共赢应该成为各国处理国际事务的基本政策取向。我们应该把本国利益同各国共同利益结合起来，努力扩大各方共同利益的汇合点，不能这边搭台、那边拆台，要相互补台、好戏连台。要积极树立双赢、多赢、共赢的新理念，摒弃你输我赢、赢者通吃的旧思维，"各美其美，美人之美，美美与共，天下大同"。弘扬和平共处五项原则，就要坚持包容互鉴。文明多样性是人类社会的基本特征。不同民族、不同文明多姿多彩、各有千秋，没有优劣之分，只有特色之别。"万物并育而不相害，道并行而不相悖。"我们要尊重文明多样性，推动不同文明交流对话、和平共处、和谐共生，不能唯我独尊、贬低其他文明和民族。我们要倡导交流互鉴，注重汲取不同国家、不同民族创造的优秀文明成果，取长补短，兼收并蓄，共同绘就人类文明美好画卷。[1]

---

1 参见习近平：《弘扬和平共处五项原则　建设合作共赢美好世界——在和平共处五项原则发表60周年纪念大会上的讲话》，北京：人民出版社，2014年，第3—10页。

四、改革开放

1978年12月,在党和国家面临何去何从的重大历史关头,党的十一届三中全会召开,作出把党和国家工作中心转移到经济建设上来、实行改革开放的历史性决策。从那时以来,中国共产党人和中国人民以一往无前的进取精神和波澜壮阔的创新实践,不断战胜前进道路上各种世所罕见的艰难险阻,推动中国经济实力、综合国力、人民生活水平不断跨上新台阶。党和人民的事业在不断深化改革中波浪式向前推进。生产力是推动社会进步最活跃、最革命的要素。我们党在改革开放中促进生产关系和生产力、上层建筑和经济基础相适应,不断解放和发展社会生产力,经济实力实现历史性跃升。坚持正确的政治发展道路,是关系根本、关系全局的重大问题。改革开放后,我们党坚定不移推进社会主义民主法治建设,坚持中国特色社会主义政治发展道路,不断健全各项民主政治制度,使社会主义民主政治制度化、规范化、程序化全面推进。文化是一个国家、一个民族的灵魂。改革开放后,我们党坚持社会主义物质文明和精神文明"两手抓、两手都要硬",探索并加强社会主义精神文明建设,文化软实力和中华文化影响力不断提升。

改革开放使中华民族迎来了从站起来、富起来到强起来的伟大飞跃，使中国特色社会主义迎来了从创立、发展到完善的伟大飞跃，使中国人民迎来了从温饱不足到小康富裕的伟大飞跃。

改革开放是我们党的一次伟大觉醒，正是这个伟大觉醒孕育了我们党从理论到实践的伟大创造。改革开放是中国人民和中华民族发展史上一次伟大革命，正是这个伟大革命推动了中国特色社会主义事业的伟大飞跃。

习近平总书记指出，改革开放"是决定当代中国命运的关键一招，也是决定实现'两个一百年'奋斗目标、实现中华民族伟大复兴的关键一招"[1]。改革开放已成为当代中国最鲜明的特色、当代中国共产党人最鲜明的品格。

改革开放40多年来，从开启新时期到跨入新世纪，从站上新起点到进入新时代，我们解放思想、实事求是，大胆地试、勇敢地改，闯出了一条新路、好路，干出了一片新天地，实现了从赶上时代到引领时代的伟大跨越。特别是党的十八大以来，以习近平同志为核心的党中央以巨大的政治勇气全面深化改革，打响改革攻坚战，加强改革顶层设计，敢于突进深水区，敢于啃硬骨头，敢于涉险滩，敢于面对新矛盾新挑战，冲破思想观念束缚，突破利益固化藩篱，坚决破除各

---

[1] 习近平：《在庆祝改革开放40周年大会上的讲话》，《求是》2018年第24期，第7页。

方面体制机制弊端，各领域基础性制度框架基本建立，许多领域实现历史性变革、系统性重塑、整体性重构，中国特色社会主义制度更加成熟、更加定型，国家治理体系和治理能力现代化水平明显提高。另一方面着力推进高水平对外开放，实行更加积极主动的开放战略，构建互利共赢、多元平衡、安全高效的开放型经济体系，不断增强我国国际经济合作和竞争新优势。

改革开放不仅极大地促进了中国的经济增长和社会发展，而且在文化层面上也体现了对外来文明的包容性和对全球化的积极参与。这一政策的实施不仅使中国能够学习和吸收外来的先进技术及管理方法，接纳和利用不同经济发展模式，而且增强了对外界的认知和理解，促进了不同文化的交流和融合。在改革开放实践中，中国在吸收外来经验的基础上，还会根据本国的实际情况进行调整和改良，不盲目追求外来模式，也不完全拒绝传统做法。这种在保持自身文化身份的同时吸纳外来优势的策略，体现了一种高度的文明包容性和智慧。

改革开放只有进行时，没有完成时。新时代坚持和发展中国特色社会主义，根本动力仍然是全面深化改革开放。前进道路上，要坚定不移推进改革，坚定不移扩大开放，进一步解放思想、进一步解放和发展社会生产力、进一步解放和增强社会活力,继续用足用好改革开放这个关键一招,将改革开放进行到底。

第二节 新时代以来内政外交中"包容性"的体现

习近平总书记2013年在莫斯科国际关系学院首次提出构建人类命运共同体理念。10余年来,构建人类命运共同体的理念不断丰富和发展,构建人类命运共同体的实践稳步推进,构建人类命运共同体的观念日益深入人心。构建人类命运共同体理念的提出与实践,正是中华文明突出的包容性这一文化特性和文化基因在新时代的回响,不仅反映了中国对外交往的广泛性和深远性,也展示了中国愿意与全球各国共同推动世界和平与繁荣的诚意与决心;不仅是对中华文明包容精神的现代诠释,也是中国对全球治理体系贡献出的中国智慧和中国方案。

一、构建人类命运共同体理念的提出与思想内涵

构建人类命运共同体，就是每个民族、每个国家、每个人的前途命运都紧紧联系在一起，应该风雨同舟，荣辱与共，努力把我们生于斯、长于斯的星球建成一个和睦的大家庭，推动建设持久和平、普遍安全、共同繁荣、开放包容、清洁美丽的世界，把各国人民对美好生活的向往变成现实。推动构建人类命运共同体，不是以一种制度代替另一种制度，不是以一种文明代替另一种文明，而是不同社会制度、不同意识形态、不同历史文化、不同发展水平的国家在国际事务中利益共生、权利共享、责任共担，形成共建美好世界的最大公约数。

2013年3月23日，习近平总书记在莫斯科国际关系学院发表重要演讲时指出，"这个世界，各国相互联系、相互依存的程度空前加深，人类生活在同一个地球村里，生活在历史和现实交汇的同一个时空里，越来越成为你中有我、我中有你的命运共同体"[1]，首次提出"人类命运共同体"的理念。2015年3月28日，习近平总书记在博鳌亚洲论坛年会上向国际社会发出殷切呼吁："通过迈向亚洲命运共同体，推动

---

[1] 习近平：《顺应时代前进潮流　促进世界和平发展——在莫斯科国际关系学院的演讲》，《人民日报》2013年3月24日，第2版。

建设人类命运共同体。"[1] 2015年9月28日，习近平总书记在第七十届联合国大会一般性辩论时的讲话中明确指出，当今世界，各国相互依存、休戚与共，我们要构建以合作共赢为核心的新型国际关系，打造人类命运共同体，需要作出以下努力：要建立平等相待、互商互谅的伙伴关系；要营造公道正义、共建共享的安全格局；要谋求开放创新、包容互惠的发展前景；要促进和而不同、兼收并蓄的文明交流；要构筑尊崇自然、绿色发展的生态体系。[2] 2017年1月18日，习近平总书记在联合国日内瓦总部发表主旨演讲，系统阐述构建人类命运共同体重要理念，站在历史和哲学高度回答了"世界怎么了、我们怎么办"的问题，为人类应对全球挑战、实现和平发展、迈向繁荣进步指明前行方向。这一理念在国际上引起热烈反响，受到各方普遍欢迎和高度评价。自2017年2月以来，构建人类命运共同体理念接连数年被写入多个国际决议，体现了国际社会的共识，彰显了中国理念和中国方案对全球治理的重要贡献。

党的十八大以来，习近平总书记以大国领袖的责任担当，深入思考"建设一个什么样的世界、如何建设这个世界"等

---

[1] 习近平：《迈向命运共同体 开创亚洲新未来——在博鳌亚洲论坛2015年年会上的主旨演讲》，《人民日报》2015年3月29日，第2版。
[2] 参见习近平：《习近平在联合国成立70周年系列峰会上的讲话》，北京：人民出版社，2015年，第15—18页。

重大课题,提供中国方案,贡献中国力量。围绕这一重要议题,中国共产党与世界政党交流合作的脚步更加坚实有力,举办系列高端论坛,推出系列重要倡议,推动构建人类命运共同体:(1)习近平总书记的元首外交,向世界阐明中国方案。党的十八大以来,至2022年,10年间习近平总书记先后40多次出访,足迹遍及世界五大洲,在一系列重大国际场合深入阐释构建人类命运共同体理念,引领中国特色大国外交不断开创新局面。(2)推动全球合作,开展系列高端论坛,向世界展示中国立场。党的十八大以来,上海合作组织、亚洲相互协作与信任措施会议、东盟与中日韩合作、东亚峰会、中日韩合作、澜沧江—湄公河合作等系列合作机制,推动中国在深化区域合作方面积极发挥引领作用,让中国道路为世界所熟知。同时,通过主办亚太经合组织领导人北京会议、二十国集团领导人杭州峰会、"一带一路"国际合作高峰论坛、金砖国家领导人厦门会晤等系列主场外交活动,向世界展示开放、包容、普惠、平衡、共赢的中国立场。(3)推出系列主张,构建人类命运共同体的实践平台。党的十八大以来,从弘扬全人类共同价值到提出全球发展倡议、全球安全倡议、全球文明倡议,一项项倡议主张彰显中国作为世界和平的建设者、全球发展的贡献者、国际秩序的维护者的作为和担当,共建"一带一路"成为推动构建人类命运共同体的重要实践平台。这些合作有效地向世界展示中国,展现了中国共产党的执政理念,让人类命运共同体理念更为世界所熟知。[1]

党的十八大以来,习近平总书记共提及"人类命运共同体"100多次,规格之高、频率之快、内容之广、立意之深,为世人瞩目。习近平总书记关于人类命运共同体的重要论述由萌芽到发展再到系统化,由两岸"血脉相连"的命运共同体、中华民族共同体到"亚洲命运共同体"再到"人类命运共同体",由基于共同发展的实体性的利益共同体到虚拟的"网络命运共同体"再到与全人类的共同价值相连接的理性关系共同体,显示出了由国内提出到周边扩展再到国际传播的时空拓展特点,形成了一套多维度、多视角、多意蕴的完整话语体系。[2]

建设人类命运共同体,必须坚持各国相互尊重、平等相待。事实已经证明,坚持各国相互尊重、平等相待,求同存异、聚同化异,才是世界各国实现和平相处的正确道路。建设人类命运共同体,必须坚持合作共赢、共同发展。在全球化时代,国家的发展必定是开放的发展、合作的发展、共赢

---

[1] 参见中国社会科学院课题组:《新时代中国文化发展报告:走向全面繁荣的中华民族现代文明》,北京:社会科学文献出版社,2024年,第351页。
[2] 参见邵发军:《人类命运共同体思想的基本问题及其当代价值》,卢黎歌主编:《新时代推进构建人类命运共同体研究》,北京:人民出版社,2019年,第120页。

的发展、共同的发展，只有通过合作共赢、共同发展，世界各国才能找到共同利益的交汇点，世界的发展繁荣也因为各个国家的共同发展而变为现实。建设人类命运共同体，必须坚持实现共同、综合、合作、可持续的安全。这是"命运与共、唇齿相依"的安全新局面，只有大家的共同安全才是个体安全的坚实保障。建设人类命运共同体，必须坚持不同文明兼容并蓄、交流互鉴。这是"并育而不相害"的文明新气象。这种新气象，是中华文明突出的包容性在新时代的自然涌现。世界文明是多样的，只有在多样中彼此尊重，相互借鉴，和谐相处，世界才能变得富有生机、充满活力。不同文明凝聚着不同民族的智慧和贡献，文明各有特色，并无高低优劣之别。文明的对话是平等相待而不是强制灌输，是彼此包容而不是相互取代，是相互欣赏而不是相互排斥，各国文明必将在多样文明的交流互鉴中得到共同发展。[1]

构建人类命运共同体理念以全人类共同价值为遵循，以实现全人类发展、繁荣和幸福为宗旨，蕴含着对人类文明形态的前瞻性思考和对世界历史发展大势的准确把握，既体现出理论的原创性，又具有鲜明的时代性。人类命运共同体理念着眼全人类的福祉和人类长远发展，为世界贡献了中国智

---

[1] 参见中共中央党校组织编写：《以习近平同志为核心的党中央治国理政新理念新思想新战略》，北京：人民出版社，2017年，第201—204页。

慧和中国方案。构建人类命运共同体是世界各国人民前途所在，是应对人类共同挑战、建设更加繁荣美好世界的人间正道。这一倡议已被多次写入联合国文件，正在从理念转化为行动，产生日益广泛而深远的国际影响，成为中国引领时代潮流和人类文明进步方向的鲜明旗帜。

二、构建人类命运共同体的实践（一）：共建"一带一路"倡议

2013年9月7日，习近平总书记在哈萨克斯坦纳扎尔巴耶夫大学作题为《弘扬人民友谊 共创美好未来》的演讲，提出共同建设"丝绸之路经济带"。2013年10月3日，习近平总书记在印度尼西亚国会发表题为《携手建设中国—东盟命运共同体》的演讲，提出共同建设"21世纪海上丝绸之路"。"丝绸之路经济带"和"21世纪海上丝绸之路"简称"一带一路"倡议。共建"一带一路"倡议，为构建人类命运共同体提供了实践平台，推动构建人类命运共同体落地生根。

古丝绸之路绵亘万里，延续千年，积淀了以和平合作、开放包容、互学互鉴、互利共赢为核心的丝路精神，为人类文明留下了宝贵遗产。古丝绸之路是不同文明、宗教、种族

在相互尊重、求同存异、开放包容的基础上共同铺就的融合之路。古丝绸之路是世界经济交流的主干道和世界思想交流的集散地，是沿途人民不断进行经贸交易、人文交往和思想交流，携手绘就共同发展的美丽画卷。[1]"一带一路"倡议把我国发展同沿线国家和世界其他国家发展结合起来，赋予古代丝绸之路全新的时代内涵，根植历史、更面向未来，源于中国、更属于世界。以共建"一带一路"为实践平台推动构建人类命运共同体，是从我国改革开放和长远发展出发提出来的，符合中华民族历来秉持的天下大同理念，顺应时代要求和各国加快发展的愿望。

共建"一带一路"秉持共商共建共享原则，坚持开放、绿色、廉洁理念，以高标准、可持续、惠民生为目标，不断深化政策沟通、设施联通、贸易畅通、资金融通、民心相通，努力建设和平之路、繁荣之路、开放之路、绿色之路、创新之路、文明之路。这一倡议的核心内涵，是促进基础设施建设和互联互通，加强经济政策协调和发展战略对接，促进协同联动发展，实现共同繁荣。这一倡议的最高目标，是在"一带一路"建设国际合作框架内，各方携手应对世界经济面临的挑战，开创发展新机遇，谋求发展新动力，拓展发展新空

---

[1] 参见学习贯彻习近平新时代中国特色社会主义经济思想 做好"十四五"规划编制和发展改革工作系列丛书编写组编著：《推动共建"一带一路"高质量发展》，北京：中国计划出版社，中国市场出版社，2020年，第4页。

间，实现优势互补、互利共赢，不断朝着人类命运共同体方向迈进。

2013年以来，共建"一带一路"倡议以政策沟通、设施联通、贸易畅通、资金融通和民心相通为主要内容扎实推进，取得明显成效，一批具有标志性的成果开始显现，参与各国得到了实实在在的好处，对共建"一带一路"的认同感和参与度不断增强。共建"一带一路"倡议及其核心理念受到多个国家和国际组织的广泛认同，已被收入联合国、二十国集团、亚太经合组织以及其他区域组织等有关文件中。签署共建"一带一路"政府间合作文件的国家和国际组织数量逐年增加，各参与国和国际组织本着求同存异、互惠互利的原则，展开充分交流和协商合作。国际经济合作走廊和通道建设取得明显进展，基础设施互联互通水平大幅提升，将开放包容、互利共赢的合作伙伴关系提升到了一个崭新的水平。国家和地区贸易与投资规模持续扩大，自由化便利化水平不断提升。国际投融资模式创新进程加快，多边金融合作支撑作用显现，金融互联互通不断深化。各国积极开展形式多样、领域广泛的公共外交和文化交流，增进了相互理解和认同，为共建"一带一路"奠定了坚实的民意基础。[1]

---

[1] 参见推进"一带一路"建设工作领导小组办公室：《共建"一带一路"倡议：进展、贡献与展望》，《人民日报》2019年4月23日，第7版。

共建"一带一路"的初心,是借鉴古丝绸之路,以互联互通为主线,同各国携手为世界经济增长注入新动能,为全球发展开辟新空间,为国际经济合作打造新平台。"一带一路"倡议的内容非常丰富,其文化内涵以"和平与发展"为主题,重在加强不同文明之间的交流互鉴,加强政策沟通和人文交流,弘扬和平合作、开放包容、互学互鉴、互利共赢的丝路精神,倡导共商共建共享的治理理念。"一带一路"倡议所体现的精神指引、价值准则和目标追求与人类命运共同体理念相契合,承载着当代中国对构建人类命运共同体、人类文明新形态的探索和尝试,是对人类命运共同体理念的成功实践。[1]

三、构建人类命运共同体的实践(二):全球文明倡议

人类文明多样性是世界的基本特征。人类社会创造的各种文明,都闪烁着璀璨光芒,并跨越时空、超越国界,共同为人类发展进步作出了重要贡献。在各国前途命运紧密相连的今天,不同文明包容共存、交流互鉴,在推动人类社会现

---

[1] 参见中国社会科学院课题组:《新时代中国文化发展报告:走向全面繁荣的中华民族现代文明》,北京:社会科学文献出版社,2024年,第352页。

代化进程、繁荣世界文明百花园中具有不可替代的作用。

2014年3月，习近平总书记在联合国教科文组织总部发表演讲时就提出，文明因交流而多彩，文明因互鉴而丰富。此后，在2014年9月纪念孔子诞辰2565周年国际学术研讨会、2017年1月联合国日内瓦总部演讲、2019年亚洲文明对话大会等众多重大场合上，这一理念经由习近平总书记多次阐释，不断丰富和深化。时值百年未有之大变局，化解人类社会共同面临的突出矛盾和问题，不仅要依靠物质的手段攻坚克难，也要依靠精神力量团结共进，特别是要慎重考量道路、文明与命运的关系。2017年10月，习近平总书记在党的十九大报告中指出："要尊重世界文明多样性，以文明交流超越文明隔阂、文明互鉴超越文明冲突、文明共存超越文明优越。"2023年3月15日，习近平总书记在中国共产党与世界政党高层对话会上提出了全球文明倡议，指出我们愿同国际社会一道，努力开创世界各国人文交流、文化交融、民心相通新局面，让世界文明百花园姹紫嫣红、生机盎然。这是继全球发展倡议和全球安全倡议后，紧紧围绕构建人类命运共同体的重大命题提出的又一全球性质的倡议，影响深远。这些相关表述成为中国进行对外交往的重要理念，为世界文明交流互鉴指明了方向。

文明交流互鉴是中国文明突出的包容性的时代呈现，彰显了中华文明独特的精神内核和文化特质,是"协和万邦""天下一家""和衷共济""四海之内皆兄弟"等中国理念的现实内涵。文明交流互鉴,是推动人类文明进步和世界和平发展的重要动力。不仅是历史的必然趋势,更是当代全球化时代的实际需求。文明交流互鉴基于相互学习、相互理解和相互尊重,体现了人类对于多元文化共融与和谐共存的深切追求。历史上无数次的文明冲突和误解,往往根源于傲慢和偏见,其阻碍了不同文化之间的深入交流,限制了知识的传播和创新发展,抑制了文明的共同进步。文明交流互鉴的成功建立在平等和相互尊重的基础之上,每种文明都有其独特的价值和贡献,无论其经济或军事力量如何,都应得到同等的尊重。各文明间的交流不应是单向的传播或模仿,而应是多元的、双向的流动与融合。这种流动和融合能够在保持各自特色的同时,共同发掘和创造新的价值和意义。全球化时代世界人民面临着共同的挑战,如气候变化、资源枯竭、公共卫生危机等。这些挑战的解决方案不可能仅仅局限于某一种文明或知识体系,而必须通过广泛的国际合作和跨文明的智慧整合来应对。

习近平总书记在全球文明倡议中提出,要共同倡导尊重世界文明多样性,共同倡导弘扬全人类共同价值,共同倡导重视文明传承和创新,共同倡导加强国际人文交流合作。"尊重世界文明多样性"是不同文明包容共存、交流互鉴的前提条件;"弘扬全人类共同价值"为各方提供了根本遵循;"重视文明传承和创新"是文明发展进步的动力源泉;"加强国际人文交流合作"为不同文明交流互鉴构建方法路径。作为构建全球文明新秩序的新理念新思维,这四个"共同倡导"环环相扣、相辅相成,共同构成了全球文明倡议这一具有清晰文明尺度、高度建设性与可操作性的重大倡议。[1]

全球文明倡议的有效实施,有赖于各国以开放包容的精神共同构建一个和谐而多元的全球精神家园。通过加强文明间的交流与对话,深化人文交流合作,并共同弘扬人类的普遍价值观,可以更好地应对世界多极化、经济全球化和文化多样化的现实挑战。

中华文明是中华民族独特的精神标识和当代中国文化的根基,也是维系全世界华人的精神纽带。开放包容是中华文明发展的活力来源和文化自信的显著标志。中华文明自古就以开放包容闻名于世,在同其他文明的交流互鉴中不断焕发新的生命力。交流孕育融合,融合产生进步。新时代在坚定文化自信和文化主体性的基础上,积极推动中华文明与全球其他文明交流互鉴,打破"西方中心主义""零和博弈""文

---

[1] 参见中国社会科学院课题组:《新时代中国文化发展报告:走向全面繁荣的中华民族现代文明》,北京:社会科学文献出版社,2024年,第354页。

明冲突论"等意识形态陷阱，追求和而不同、美美与共的文明愿景。

中华文明，历经 5000 多年的沉淀、传承与演变，始终保持着一脉相承的传统，充满生机和活力。中华文明突出的包容性不仅是推动中华文明向前发展的动力，更是其繁荣昌盛的关键。文明交流互鉴不仅是中华文明自身发展的内在需求，也是推动全球文明进步的重要力量。我们应当深植于中华民族悠久的历史实践和丰富的当代实践之中，赓续中华文脉，继承并弘扬中华优秀传统文化的精髓，吸纳和融合全人类的优秀文明成果，并以创新性的方式加以转化，推动中华文化的繁荣发展，促进全球文明的交流与互鉴。以守正创新的正气和锐意进取的士气，以开放包容的胸襟和海纳百川的气魄，走向世界舞台。这不仅是中华民族的历史自信和文化自信的表现，也是向世界文明贡献中国力量和中国智慧的表现。

主要参考文献

一、理论经典与党的文献

1. 习近平:《领导干部要读点历史》,《学习时报》2011年9月5日,第5版。
2. 习近平:《在庆祝改革开放40周年大会上的讲话》,《求是》2018年第24期。
3. 习近平:《文明交流互鉴是推动人类文明进步和世界和平发展的重要动力》,《求是》2019年第9期。
4. 习近平:《论坚持人民当家作主》,北京:中央文献出版社,2021年。
5. 习近平:《把中国文明历史研究引向深入 增强历史自觉坚定文化自信》,《求是》2022年第14期。
6. 习近平:《高举中国特色社会主义伟大旗帜 为全面建设社会主义现代化国家而团结奋斗:在中国共产党第

二十次全国代表大会上的报告》，北京：人民出版社，2022 年。

7. 习近平：《在文化传承发展座谈会上的讲话》，《求是》2023 年第 17 期。

8. 习近平：《铸牢中华民族共同体意识推进新时代党的民族工作高质量发展》，《求是》2024 年第 3 期。

9. 中共中央文献研究室编：《习近平关于社会主义政治建设论述摘编》，北京：中央文献出版社，2017 年。

10. 《中共中央关于党的百年奋斗重大成就和历史经验的决议》，北京：人民出版社，2021 年。

二、研究论著

1. 方立天：《华严宗的现象圆融论》，《文史哲》1998 年第 5 期。

2. 冯时等：《万年中国：中华文明的起源与形成》，上海：东方出版中心，2023 年。

3. 冯友兰：《中国哲学史》，北京：中华书局，1951 年。

4. 高亨：《老子注译》，北京：清华大学出版社，2010 年。

5. 高江涛：《中华文明具有突出的包容性》，《红旗文稿》2023 年第 12 期。

6. 高明：《帛书老子校注》，北京：中华书局，1996 年。

7. 葛承雍：《绵亘万里长：交流卷》，北京：生活·读书·新知三联书店，2019 年。

8. 韩建业：《早期中国——中国文化圈的形成和发展》，上海：上海古籍出版社，2015 年。

9. 李辉、金力编著：《Y 染色体与东亚族群的演变化》，上海：上海科学技术出版社，2015 年。

10. 李辉：《基因视野中的中华民族共同体上古起源》，《世界科学》2022 年第 12 期。

11. 李新伟：《"多元一体"概念在中华文明探源中的应用》，《中国社会科学报》2022 年 10 月 20 日，第 6 版。

12. 李新伟：《在追溯中华文脉中读懂"文明中国"》，《人民论坛》2023 年第 23 期。

13. 刘笑敢：《老子古今：五种对勘与析评引论》，北京：中国社会科学出版社，2006 年。

14. 牟钟鉴：《中国宗教生态的多元通和模式》，《人民日报海外版》2013 年 6 月 14 日，第 15 版。

15. 牟宗三：《才性与玄理》，台北：台湾学生书局，1993 年。

16. 圣凯：《南北朝地论学派思想史》，北京：宗教文化出版社，2021 年。

17. 苏秉琦：《中国文明起源新探》，北京：生活·读书·新知三联书店，2019年。

18. 孙贝贝：《开放包容是中华文明繁荣发展的活力源泉》，《旗帜》2023年第11期。

19. 王帅：《圆融何以可能：地论学派的视角》，清华大学哲学硕士学位论文，2019年。

20. 王颂：《齐物与圆融：哲学视域下的佛解〈齐物论〉》，《世界宗教研究》2022年第9期。

21. 王巍、赵辉：《"中华文明探源工程"及其主要收获》，《中国史研究》2022年第4期。

22. 许宏：《何以中国：公元前2000年的中原图景》，北京：生活·读书·新知三联书店，2014年。

23. 严文明：《中国史前文化的统一性与多样性》，《文物》1987年第3期。

24. 严文明：《略论中国文明的起源》，《文物》1992年第1期。

25. 杨翰卿、叶堃：《简论一种释儒和融的哲学观念》，《中州学刊》2021年第3期。

26. 詹剑峰：《老子其人其书及其道论》，武汉：华中师范大学出版社，2006年。

27. 张国刚：《中西文化关系通史》，北京：北京大学出版社，2019年。

28. 张志强：《"操齐物以解纷，明天倪以为量"——论章太炎"齐物"哲学的形成及其意趣》，《中国哲学史》2012 年第 3 期。

29. 张志强：《弘扬中华文明蕴含的全人类共同价值》，《哲学动态》2022 年第 8 期。

30. 赵汀阳：《惠此中国：作为一个神性概念的中国》，北京：中信出版社，2016 年。

31. 中国历史研究院主编：《(新编)中国通史纲要》，北京：中国社会科学出版社，2024 年。

32. 中国历史研究院主编：《中华文明史简明读本》，北京：中国社会科学出版社，2024 年。

33. 中国社会科学院课题组：《新时代中国文化发展报告：走向全面繁荣的中华民族现代文明》，北京：社会科学文献出版社，2024 年。

34. 卓新平：《中国人的宗教信仰》，北京：中国社会科学出版社，2015 年。

35. 邹广文、沈丹丹：《中华民族共同体文化认同的历史生成逻辑》，《天津社会科学》2021 年第 3 期。

36. 《中华民族共同体概论》编写组编：《中华民族共同体概论》，北京：高等教育出版社，民族出版社，2023 年。

后　记

2023年11月，中国社会科学院哲学研究所中国哲学学科获批中国社会科学院研究阐释中华民族现代文明重大创新项目之一的"中华文明'五个突出特性'的哲学研究"。2023年12月，中国社会科学院哲学研究所中国哲学学科获得国家社科基金重大项目"中华文明突出特性的历史发展和内在机理研究"立项。缘此背景，哲学研究所迅速调集人员、组建研究团队，项目组所有成员集中精力，全身心地投入研究和写作中。

本人在项目组中承担"中华文明突出的包容性"这一部分的研究任务。经过几个月的奋斗，如今完成了起初认为几乎不可能按时完成的任务，交出了一份自认为尚可一览的答卷，疲累之余，更有几分满足。回顾几个月来，为了保证思路的清晰连续且不被打扰，多少个日夜通宵达旦地阅读、写作，时常伴随着初升的太阳倒头睡下，一贯注重作息规律的自己第一次开启了连续昼夜颠倒的生活。这次写作也是我第一次尝试跨领域写作，除了专攻的中国哲学领域外，还涉及考古、历史、中外交流等多个领域。因此写作过程也成为学习的过程，在写作中学习，在学习中思考，在思考中写作，拓宽了研究视野，丰富了知识储备，可谓获益匪浅。项目组成员团结协作、劲往一处使、力往一处凝的团队精神，也深深打动着我。研究攻坚期间，大家排除困难，无私奉献，随召随到，已经没有了日夜的概念，没有了周末的概念，全力保证研究任务保时保质完成，俨然成为一支训练有素、能战善战的精锐队伍。

感谢这支队伍的带领者：哲学研究所所长张志强同志和中国哲学研究室主任刘丰同志。他们分别是两个项目的首席专家，正是在他们的指挥、指导和协调下，项目得以设立，团队得以组建，研究得以展开，答卷得以交出。

感谢项目组成员任蜜林、傅正、胡海忠、龙涌霖等同志，大家在写作和审读统稿过程中，辨析正误，启发灵感，是益友亦是良师，使我从中收获良多。感谢项目组助理章含舟、薛冰洋同志，他们为项目的顺利完成提供了出色的支援、保障和协助工作。

感谢浙江古籍出版社对该项目出版工作的大力支持，感谢出版社诸位同志为图书面世所做的种种努力,他们认真负责的态度和优秀的专业素养使本书得以不断地完善、增色。

言虽有尽,意则无边,字略纸短,诉不尽的是对中华文化深沉的挚爱。谨以此书,略表鹅毛之情。

孙海科

2024 年 5 月 20 日

图书在版编目(CIP)数据

容融之道：中华文明突出的包容性 / 孙海科著. -- 杭州：浙江古籍出版社, 2024.5
（中华文明突出特性阐释丛书 / 张志强主编）
ISBN 978-7-5540-2974-9

Ⅰ.①容… Ⅱ.①孙… Ⅲ.①中华文化－研究 Ⅳ.
①K203

中国国家版本馆 CIP 数据核字（2024）第 094580 号

策　　划	芮　宏	整体设计	吴思璐
组　　稿	关俊红	责任校对	张顺洁
责任编辑	林若子	责任印务	楼浩凯

中华文明突出特性阐释丛书
容融之道——中华文明突出的包容性
孙海科　著

出版发行　浙江古籍出版社
　　　　　（杭州市环城北路 177 号　电话：0571-85068292）
网　　址　https://zjgj.zjcbcm.com
照　　排　浙江大千时代文化传媒有限公司
印　　刷　浙江新华数码印务有限公司
开　　本　880mm×1230mm　1/32
印　　张　4.875
字　　数　89 千字
版　　次　2024 年 5 月第 1 版
印　　次　2024 年 5 月第 1 次印刷
书　　号　978-7-5540-2974-9
定　　价　20.00 元

如发现印装质量问题，影响阅读，请与市场营销部联系调换。